SOUVENIR

DE

MES QUINZE JOURS A ROME

3644. — ABBEVILLE. — TYP. ET STÉR. A. RETAUX. — 1886.

SOUVENIR

DE

MES QUINZE JOURS A ROME

DÉDIÉ A MONSEIGNEUR JACQUENET

ÉVÊQUE D'AMIENS

PAR J. MACQUET

Missionnaire Apostolique

ABBEVILLE

A. RETAUX, IMPRIMEUR-ÉDITEUR

84, CHAUSSÉE MARCADÉ. 84

1886

Amiens, 16 février 1886.

Monsieur et cher Missionnaire,

Je m'empresse de vous retourner le récit de votre voyage
de Rome. J'ai lu, avec un vif intérêt, ce que vous dites, en
si bons termes, de ce qui me tient tant au cœur, du Saint-
Père et de la Ville éternelle, du Chef suprême de l'Église et
du centre de la catholicité. Vous étiez bien préparé à la visite
de la capitale du monde chrétien, et vous avez très bien
profité du séjour que vous y avez fait.

J'approuve le projet, que vous m'avez communiqué, de
publier votre beau et docte travail. La lecture en sera ins-
tructive et édifiante.

Recevez, Monsieur et cher Missionnaire, l'assurance de
mes sentiments affectueux et dévoués.

MARIE-SIMON,
Évêque d'Amiens.

SOUVENIR

DE

MES QUINZE JOURS A ROME

⸺⸺⸺

Monseigneur,

Je me rends aux désirs de Votre Grandeur ; je viens lui rendre compte de mes observations et de mes impressions, pendant les quinze jours que j'ai passés à Rome. Cette grande cité, étant divisée en quatorze quartiers, j'ai visité un quartier chaque jour. Mais, pour mettre quelqu'ordre et quelque clarté dans mon travail, je me suis attaché à trois points principaux : 1° aux origines de la Rome païenne ; 2° aux origines de la Rome chrétienne ; 3° aux splendeurs de la Rome des Papes.

I. — ORIGINES DE LA ROME PAIENNE

Promenades sur le Palatin

Je la retrouve, cette vieille Rome, encore avec ses temples, ses palais, ses théâtres, ses thermes, ses cirques, ses jardins, ses villas, et même avec ses forums, son Colisée et son Panthéon. Mais là où elle m'apparaît encore dans toute sa grandeur et toute sa majesté, pourtant déchues, c'est sur le mont Palatin, dans le Forum et sur la voie Appienne.

Je vais donc au Palatin et je veux voir, de mes propres yeux, tout ce que les livres m'ont dit, tout ce que mon imagination m'a représenté de cette vieille cité. De l'arc de Titus, je prends la rue qui conduit au Palatin ; je gravis quelques rampes, et bientôt je me trouve au milieu de délicieux jardins ; ce sont en effet les *orti Farnesiani*, la villa Palatine. Voilà donc le berceau de Rome, et c'est autour de cet emplacement que les sept collines font sentinelles ; là naquirent les fils de Mars et de Sylvia ; là Romulus traça le *Pomarium* ou enceinte et dressa sur le sillon sa muraille, véritable trapèze, avec brisure à l'est ; de là la *Roma quadrata* et ce *Pomarium* c'est Tacite, qui l'a si bien indiqué, et il n'était pas un antiquaire d'emprunt !

Là, je fis une pause et je m'assis en face de l'Aventin, cette résidence de Rémus, et je me rendis compte de cette parole de Romulus : « Ainsi périsse quiconque franchira ce mur, » séparant le Palatin de la voie Sacrée. Je continuai mon ascension jusqu'au palais Farnèse. J'avoue que je fus bien surpris de rencontrer là un véritable casino, entouré d'immenses et frais jardins. Jusqu'alors le christianisme avait reculé devant ce *Pomarium*, devant ce sanctuaire de l'orgueil romain. Paul III, seul, osa en faire une villa ; dès lors cette colline resta un apanage souverain ; Elisabeth, héritière des Farnèse le porta au roi d'Espagne : les rois de Naples le possédèrent aussi et, en 1861, Napoléon III s'appropria la nécropole Palatine. Mais laissons là ces souvenirs modernes, mettons-nous à la suite de Pietro Rosa : c'est sur le sommet du plateau, où habita Romulus, que cet intrépide fouilleur a exhumé les palais des Césars; là, il a fait surgir une autre Pompeï; les Farnèse ont fait un muséum des fragments de la statuaire antique recueillis au Palatin. C'est là, en effet, que Tibère avait bâti son palais; Numa s'installa près du temple de Vesta; Tullus Hostilius près du temple des dieux Pénates; Ancus près de l'autel des dieux Lares; Tarquin le Vieux, un peu plus en arrière, à la *summa via Nova*. On peut désigner l'endroit où Tanaquil harangua les *quirites;* on reconnait l'assiette du temple et celle de la porte Mugonia. Là ont résidé les Gracques, Flaccus, Catulus, Hortensius, Sylla et Catilina, ainsi que Marcus Tullius. Clodius acheta la maison de Scaurus, qui possédait un théâtre fameux. Au-dessous du toit de Cicéron vint s'installer Jules César. Marc-Antoine y a aussi résidé; Claudius Nero, père de Tibère, Octavius père d'Auguste y ont bâti; Auguste monta plus haut; il annexa un temple d'Apollon, dont une statue avait quarante-six pieds. Ce palais est enfoui sous la villa Mils. Il construisit jusqu'au revers qui regarde le grand cirque, il a déplacé la *via Nova.* Ici encore nous coudoyons Virgile et Horace. J'avance toujours au milieu des ruines : là fut le palais de Domitien; au-dessous des ruines flaviennes, des substructions scrient encore de tei . Tibère, lui, bâtit entre l'*Auguratorium* et la maison de Claudius.

Pourtant, il respecta la maison de Livie, femme d'Auguste. M. Rosa découvrit des tuyaux de plomb portant son nom. Première prêtresse de son mari, elle fit construire un couloir se dirigeant de sa maison vers celle d'Auguste. A sa mort, Tibère, son fils, hérita de son palais, ou plutôt de sa *casa.* On y accède par le côté sud du *cripto-porticus* de Tibère, en descendant quatre marches, pour arriver à un vestibule ouvrant sur l'*atrium*, où figurent les autels des Lares, enduits encore de minium, ainsi que leurs soubassements. Je fais alors face au *tablinum*, salle d'honneur. A ma droite le *triclinium*, en tout quatre salles. Derrière les trois compartiments du *tablinum* est situé le *peristilium*, au centre duquel un escalier, à deux rampes, conduisait aux appartements. De ces logis se déroulent treize chambres sans ornements. Voilà donc un monument à peu près unique d'une première école, importé de la Grèce, signalé par les auteurs du premier siècle et dont rien n'était resté, et l'on doit ces découvertes à un souverain français! Parlerai-je aussi de la *scala Caci!* Virgile parle de la porte et des degrés de Cacus. C'est par là qu'il fait entrer dans la cité Palatine le roi Évandre accompagné d'Énée. Cette rampe se dirigeait au sud-ouest, à partir de la maison de Livie, dont nous venons de parler.

Je regagne les ruines du palais de Tibère, continué jusqu'à l'extrémité du Palatin, qui plonge sur la *via Sacra*. Il me semble voir les corps de garde; il me semble entendre leur consigne. Caligula fit passer, sous ces palais, le *clivus Victoria* et la porte romaine pour descendre au Forum; et cet énorme pont par dessus le vilabre, pour unir le Palatin au Capitole! on a mis à jour la culée; M. Rosa a dégagé les plus anciennes portions de cette résidence impériale. Des bas-reliefs, des cartouches, des scènes païennes, des corridors aboutissent à des boudoirs. Caligula avait prolongé ses palais vers le Forum jusqu'au temple de Castor, dont il avait fait un vestibule où il s'exhibait à l'adoration publique, sous le vocable de Jupiter latin. Des flamines immolaient devant sa statue; là, il errait seul dans l'intime société des dieux. C'était le paroxysme de l'orgueil et de la folie.

Après le grand incendie de Rome, Néron reconstruisit, sur des plans qui envahirent la vallée et entamèrent la pente esqueline jusqu'à l'ancien palais de Mecène. Othon s'installa dans une section des palais de Tibère, que Messaline et Claude avaient habités. Vespasien, Titus, Domitien ont dû agrandir leurs habitations du côté de l'*Augustatorium* et continuer les portiques où s'embranche une autre galerie. Ainsi ces tyrans se rendaient au Forum sans être vus. Ces découvertes de M. Rosa sont les riches commentaires des histoires de Tacite. Je remercie donc bien cordialement les Rosa, les Canina, les Francis Wey, tous ces chercheurs, tous ces brillants écrivains qui exhument toutes ces richesses archéologiques et qui remettent chaque chose à sa place. C'est après avoir analysé leurs savants ouvrages, que je me promène, avec quelque profit, au milieu de ces vastes ruines; je ne suis que leur analyste et bien souvent leur copiste, au moins je sais où je vais et je reconnais ce que je vois.

Descendant du versant méridional, je cotoie une suite d'édifices effondrés; j'arrive à des salles affectées, sous Septime-Sévère, à l'instruction des jeunes praticiens, c'était comme une sorte d'école des pages. Ce côté du Palatin n'est pas moins intéressant que le plateau. Là aussi, les assises inférieures du palais public ont été mises à nu ; même distribution, même appropriation; après le portique, la *tablinum* ou salle du trône; la basilique de Jupiter, la chapelle des Lares. Là, Alexandre-Sévère avait hébergé Abraham, Orphée, Jésus-Christ. Au fond de la *regia* deux issues sur un *peristylum;* cour carrée, environnée de portiques, sur les côtés de laquelle on accédait à de petits appartements. On pénétrait ensuite dans le *triclinium*, qu'accostaient des nymphées ou meubles de boudoir. Là festinaient ces maîtres de la terre. Au delà, second portique; plus loin la bibliothèque, contiguë à l'*academia*, salle de lecture. Ceci au moins indique un certain plaisir relevé. Encore au delà, ici le terrain cède. Mes regards plongent alors sur l'étroit vallon du grand cirque. Tout proche, à ma droite, est le péribole, avec trois degrés du temple de Jupiter vainqueur, élevé par Quintus Fabius Maximus, apparaissent encore quelques piliers de cette construction étrusque. Du *triclinium*, entouré de ruines, quelle perspective sur la Rome des Papes ! A l'extrémité du *triclinium*, un trou, puis des degrés : je descends deux étages de cryptes, j'arrive dans un *tablinum* enfoui ; je vois des fenêtres, des portes murées, des figurines de divinités et puis encore des cryptes plus profondes.

Contemplé de la vallée Murica, le revers méridional du Palatin est une tenture de ruines. C'est dans ce vallon que furent enlevées les Sabines. Tarquin y établit le premier cirque ; il pouvait contenir cent cinquante mille spectateurs. C'est à côté de ce grand cirque que Spurius Cassius bâtit le plus grand temple. Les Romains ne confondent pas le cirque avec l'amphithéâtre ; le premier est une enceinte très allongée et non un monument. Là courent des chars, des hommes, des animaux. Une chaussée au milieu, appelée *spina*; des statues, des obélisques décorent la *spina*; les arches forment les *carceres*, l'arc du milieu est réservé à la *pompa circensis*; à chaque extrémité des *carceres* s'élèvent des tours pour les musiciens. Un peu plus loin, un petit portique pour les *aurigœ*, divisé en quatre fractions, on les reconnait à leur couleur ; il y a les blancs, les rouges, les verts, les azurés ; tels sont aujourd'hui nos jockeys. Les amateurs, les privilégiés, les parieurs se tenaient sur la terrasse de l'*oppidum*; aujourd'hui ils sont dans des tribunes. Au sigal donné, quatre chars de front, de chaque couleur, partaient ; ils filaient devant le *podium* qui portait des gradins, large ourlet jonché de monde. Les concurrents passaient devant le premier *pulvinar*, loge des édiles, des censeurs. Scipion introduisit la loge des sénateurs. Le *pulvinar* le plus élevé était réservé à la Cour. Quatre portes introduisaient dans l'arène. Les bornes étaient surmontées d'un œuf, en l'honneur des Dioscures, que Léda couva comme des cygnes. Il y avait sept œufs dorés pour indiquer les phases des courses. Il ne faut pas oublier la *linea* ou corde. Les cirques servaient aussi à la lutte, au pugilat, à la course à pied, à la chasse aux bêtes, à une foule d'exhibitions. Voilà donc le berceau de la vieille Rome, et, jusqu'à Constantin, les Césars ont résidé sur la royale colline. Genséric y campa l'an 445; Héraclius y séjourna au septième siècle; Charlemagne en prit possession, la série des empereurs païens est close. Je descends du Palatin tout terrifié à la vue de toutes ces ruines, mais j'en emporte la preuve la plus palpable de l'action de Dieu sur les empires et les maîtres de la terre; impossible de ne pas reconnaître ici sa main; c'est lui qui dirigeait le sabre et la pioche des barbares. Mais allons au Capitole et parcourons le Forum, c'est là surtout qu'elle s'est appesantie.

Promenade au Forum.

Pour me rendre au Forum, je gravis cent soixante marches et je me trouve en face des statues colossales de Castor et de Pollux ainsi que de leurs chevaux ; devant moi se déroule la belle place du Capitole; une balustrade, sur laquelle sont placés les trophées, prétendus de Marius, en ferme le côté antérieur; les statues de Constantin Auguste et de Constantin César sont là aussi debout; Marc-Aurèle, lui, occupe, en maître, ce magnifique quadrilatère. Je cherche des yeux le Capitole, cette demeure où se sont succédés les dieux et les rois; Saturne l'habita; Romulus y ouvrit un asile; Tarpeïa, la fille de son lieutenant, y laissa son nom; le premier Tarquin y exhuma cette tête coupée d'où lui vient le nom de Capitole; le second Tarquin y installa Jupiter; Sylla rebâtit son temple, Vespasien l'agrandit; Domitien l'enrichit de la statue du dieu; là sacrifiaient les pontifes; là montaient les triomphateurs; je cherche donc le Capitole et le temple de Jupiter Capitolin. Du premier, il ne reste que les massives substructions qui portent le moderne palais du Sénateur; c'est dans ce palais qu'on gardait les tables de bronze contenant les sénatus-consultes et les décrets du peuple. Ce magnifique édifice, construit par Lutatius Catulus, fut incendié et détruit par les soldats de Vitellius et ceux de Vespasien. On ne voit plus, du dehors, qu'une ou deux arcades qui étaient jadis ouvertes, magnifique portique que traversait le peuple pour aller d'un côté de la ville à l'autre. La façade du portique dorique de cet édifice, qui avait deux rangs d'arcades superposées, sert de substruction, du côté du Forum, au Palais moderne. Voilà ce qui reste de ce fameux Capitole. Le temple de Jupiter Capitolin, lui, a été rasé et sur ses ruines s'élève la belle église de l'*Ara cœli* dédiée à la vierge-mère; pour l'embellir, on y entassa des richesses. Le musée Capitolin fait suite à l'*Ara cœli*. Il a été commencé sous Clément XII; il est l'œuvre de Michel-Ange ainsi que le palais des Conservateurs. J'ai parcouru ce musée des antiques; depuis la louve de Romulus, jusqu'au dernier des empereurs, toutes les vieilles illustrations romaines se trouvent là; je passai devant des sarcophages, des autels de dieux, des inscriptions antiques, devant les bustes de tous les empereurs, devant les philosophes et les écrivains de l'antiquité. Ici tout parle aux yeux et à l'imagination; on en apprend plus ici, en une heure, que pendant des années sur les bancs; vous faites une revue de tout le paganisme; il se dresse devant vous et semble vous dire : « Me reconnais-tu ? » Je me promenai aussi dans les galeries du palais des Conservateurs, mais je tenais bien plus à ma promenade dans le Forum.

Pourtant, avant de la commencer, je voulus avoir une vue d'ensemble, pour cela je demandai et j'obtins la permission de monter dans le clocher du palais sénatorial; quel splendide et émouvant panorama se déroule devant moi ! En face et à gauche, les monts Albains et la chaîne du Gannero; l'Aventin à l'extrême droite, l'Esquilin à gauche, et entre eux le Cælius et le Palatin, à mes pieds le Forum; je me trompe : de la boue, des mares d'eau, des quartiers de rocher, des tronçons de colonnes, des murs effondrés et pantelants et à l'extrémité cet affreux colosse, décoiffé de son attique, qu'il semble avoir perdu à force de dévorer des victimes. Et voilà ce Forum que l'on appelait le cerveau de l'Empire Romain! voilà ce qui reste de ce dallage de quinze siècles! un pont pour gagner la rive droite du Tibre, le portique des douze dieux, *Dii consentii,* où est-il? et de douze sanctuaires, sept sont encore debout, mais qui les a sauvés? Les Papes! Descendons dans ce fouillis et tâchons au moins d'y reconnaître la place de chaque chose.

De la place du Capitole, je prends la rue à gauche et j'arrive à la prison *Mamertine* ou *Tullienne,* du nom de *Mamercus* ou de *Servius Tullius,* deux prisons superposées l'une sur l'autre. On y descend par l'église Saint-Joseph; elle a la forme d'un trapèze : vingt pieds de long, seize de large. Mais, autrefois, il n'y avait pas de porte; les victimes y étaient plongées par un trou carré, et de la Mamertine à la Tullienne, par un trou rond, les licteurs y descendaient par des échelles. Les prisonniers y restaient attachés aux murs et on les égorgeait dans le *Tullianum;* leurs cadavres étaient remontés, versés au sommet de l'escalier des Gémonies, traînés avec des crocs, à travers le Forum jusqu'au pont Sublicius et jetés dans le Tibre. Nous l'avons vue, cette affreuse prison; je frissonnais en y descendant. Je vois encore les anneaux auxquels on attachait les prisonniers, la fontaine que saint Pierre fit jaillir pour baptiser ses geôliers; c'était là, sous le temple à *Jovi optimo et maximo*, que l'on abattait les vaincus. Appius Claudius s'y supplicia lui-même ; Manlius Capitolinus y fut plongé; Persée y a pleuré; Jugurtha y fut étranglé; et les complices de Catilina, et Aristobule et Tigrane !.. Le blond Vercingétorix, cet intrépide Gaulois, ce chef digne de César, y fut assassiné; et, pour passer les autres, Simon-Pierre et Paul y furent aussi enchaînés, et, en leur souvenir, le Tullianum est aujourd'hui la chapelle *San-Pietro-in-carcere;* j'ai baisé cette tasse dans laquelle a bu saint Pierre, avec laquelle il a baptisé *Processus* et *Martinianus*; j'ai baisé et palpé ces murailles, touchées de la main du premier des Papes, touché lui-même par Jésus-Christ.

Sorti de la prison Mamertine, je m'avance, à tâtons, à travers toutes ces ruines ; à l'aide de mes lectures, je les interroge toutes, les unes après les autres. Ici l'on reconnaît la place où César vint pour mettre la main sur l'*ærarium*. C'est sur ce versant capitolin qu'était la maison donnée à Manlius Capitolinus; près du Capitole, le temple de Junon *Moneta*; un peu plus loin, le temple de Saturne, séparé de celui de Vespasien par une rampe dite *Clivus capitolinus*. J'arrive de là à la *scola Xanta*, ce sont des loges pour les scribes, les archivistes. Traversons la base de l'*intermontium* capitolin, en nous rapprochant de la prison Tullienne ; entre l'arc de Septime-Sévère bien conservé et l'angle du portique, nous nous heurtons aux restes du temple de la Concorde. La tribune aux harangues était placée entre le comice et les degrés du temple ; tout auprès était le bureau du scribe. C'est à l'entrée du Forum que demeurait Pison ; c'est au nord que Virginius acheta son couteau. Asseyons-nous ici et évoquons nos souvenirs : nous sommes près des *rostres*, ces éperons de vaisseaux d'*Antium* ; ils avaient été placés non loin du temple de Castor et Pollux ; enfin la tribune fut transportée entre Saint-Adrien et San-Lorenzo-*in-miranda* : c'est à cette troisième tribune qu'Antoine parla contre les assassins de César.

Maintenant, plaçons-nous au centre ; c'est là qu'on détachait du char les chefs et les rois vaincus ; ils prenaient à droite vers la prison Mamertine ; Jugurtha, Siphax, Persée ont suivi cette triste route. Voici les dalles de la grande basilique Julienne ; la colonne Phocas, venant du temple de Castor, se tient encore là, debout et solitaire ! Du faîte de la basilique Julienne, Caligula jetait autrefois de l'argent au peuple sous différents costumes plus ou moins insensés ; puis c'est Néron qui défile sur le char d'Auguste, il va au temple d'Apollon palatin. Entre le Forum et le revers du Palatin se trouvait la maison des vestales, les habitations du grand pontife ; là, maintenant, est la rotonde de Saint-Théodore. Le long des coteaux s'échelonnaient les demeures de Clodius, de Cicéron et de tant d'autres célébrités. Tout au bas du Palatin, sur les côtés inférieurs, étaient groupées les boutiques du commerce et du négoce de toutes sortes ; on retrouve encore des enseignes en parfaite conservation. Entre le temple de Castor et celui de Vesta sourd encore la fontaine souterraine du Juturne qui alimentait le lac où s'immola Curtius. Près de là était le *milliarium aureum* où fut massacré Galba. Tournons le dos au Palatin, levons les yeux au delà du Forum, voilà où était la basilique Emilienne, et sur ses ruines s'élèvent aujourd'hui Saint-Adrien et Saint-Luc ; entre Saint-Luc et Saint-Cosme, San-Lorenzo-*in-miranda* qu'enserrait dans ses bras le temple d'Antonin et Faustine. Enfin dirigeons-nous vers l'arc de Septime-Sévère, suivons le chemin où fut entraîné Vitellius jusqu'à l'escalier des Gémonies.

Le Forum, depuis les cimes du Capitole jusqu'à la basilique de Constantin, fut, dans un petit espace, le lieu le plus imposant de l'univers ; ce lieu où s'assemblait le Sénat, où étaient les rostres, où s'agitaient les destinées du monde, est le plus célèbre, le plus classique de la Rome antique. Il était décoré des monuments les plus magnifiques, qui s'y pressaient tellement, que leurs ruines amoncelées ne suffisent pas à tous les noms transmis par les historiens. Ces monuments étaient juchés, les uns sur les autres, sur les versants de trois collines ; tous les sommets des édifices étaient à jour ; à ras du sol, tout n'était que trappes, passages obscurs, labyrinthes, mystères ; là s'exerçaient les saturnales de la démagogie romaine. Ne nous étonnons donc pas si, à l'heure fixée, le bras de Dieu se soit si lourdement appesanti sur ce petit coin de terre ; il a fait signe aux émissaires de ses vengeances, il leur a lâché la bride, et Robert Guiscard, à la tête de ses Normands, est venu compléter l'œuvre de destruction de la vieille Rome, déjà si terriblement commencée par ses frères en barbarie. Cette fois il ne resta plus, pour ainsi dire, pierre sur pierre dans ce beau Forum. Et puis les siècles sont venus le bouleverser encore et le rendre méconnaissable. Le sol antique est à près de huit mètres au-dessous du sol actuel, et, quel que soit l'attrait qu'on éprouve à évoquer le passé, il faut bien le reconnaître, cette différence de niveau seule est déjà un singulier obstacle pour la perspective de l'imagination ; d'autre part, les incertitudes des archéologues achèvent de décourager la curiosité et le désir de l'illusion. Depuis plus de trois siècles, l'érudition étudie ce champ de ruines, sans pouvoir se mettre d'accord, même sur son orientation. Toutefois, aujourd'hui, l'on paraît assez bien fixé ; il s'étendait donc à peu près, en longueur depuis l'arc de Septime-Sévère au temple d'Antonin et Faustine, et pour la largeur de l'église San-Adriano aux degrés de la basilique Julia.

Comme je ne prétends point faire de descriptions, je dois pourtant faire mention des restes des monuments qui se tiennent encore debout dans le Forum. Et d'abord la Roche Tarpéienne, elle se dresse toujours là, contre le jardin de l'ancien palais Caffarelli, roche poreuse, d'une nuance luisante, maintenant parfumée de violiers jaunes et de giroflées roses, elle paraît, de loin, de dimension ordinaire, mais, vue de l'hôpital de la Consolation, elle a une élévation réelle. L'arc de Septime-Sévère, en marbre blanc, est décoré de huit colonnes cannelées, d'ordre composite ; enterré jusqu'à la hauteur de l'arcade, il a souffert de son enfouissement et il est découronné de son char et de ses statues de bronze. Du temple de la Concorde il ne reste que les vestiges de la *cella* et quelques beaux débris conservés au musée du Capitole. Trois colonnes corinthiennes se tiennent encore debout, tristes épaves du temple de Vespasien. Et en avant, ces huit colonnes d'ordre ionique à qui appartiennent-elles ? d'après l'opinion généralement admise, au temple de la Fortune. Du temple de Saturne, on n'a souvenir que par la découverte du *milliarium aureum*. Quant aux Rostres, il n'y a sur eux que des conjectures ; c'est ainsi que la Providence a confondu la sagesse des sages, en effaçant même les vestiges de leur superbe faconde. La colonne Phocas semble regarder tristement les débris des temples des faux dieux. Devant elle, de la splendide basilique Julia, il ne reste plus que le plan de ce vaste édifice, dont Canina a mis à nu le pavé en marbre. Une des ruines du Forum sur laquelle il y a le plus de controverses, c'est, un peu plus avant, les trois belles colonnes corinthiennes; les uns les attribuent au temple de Jupiter Stator, les autres à celui de Castor et Pollux; d'autres au *Comitium;* incertitude complète. Entre ces colonnes et l'angle du Palatin est la petite église de Santa-Maria-Liberatrix où l'on a trouvé des tombes de vestales. Sur le côté gauche du Forum l'église San-Adriano occupe l'emplacement de la basilique Emilienne; San-Lorenzo-in-miranda, celui d'Antonin et Faustine. Dix colonnes, en marbre cipolin, ont été dégagées. San-Lorenzo s'élève sur la *cella* du temple, et les deux cornes, en forme de croissant, lui servent de fronton. Un peu plus loin se dressent deux colonnes en marbre cipolin, puis trois arcs gigantesques, voilà ce qui reste de la basilique Constantine, comme pour dire aux passants : elle était là ! *Santa-Francesca-Romana* purifie l'emplacement d'un temple qu'Adrien avait bâti à Vénus et Rome. Au pied des murs des jardins Farnèse, se dresse, encore dans toute sa beauté, l'arc de Titus; puis, un peu à droite, celui de Constantin; enfin ce fameux Colisée, qui est encore une des merveilles du monde; voilà ce qui reste encore debout dans ce Forum, de la vieille Rome. J'entrai avec une certaine répugnance dans cet immense abattoir d'hommes et de bêtes fauves; il me semblait encore voir, sur ces gradins, ces cent mille prétendus civilisés se repaître du sang des milliers de mes frères, j'entendais leurs éclats de voix et leurs cris féroces; je cherchais des yeux la croix et les stations du Calvaire, et n'apercevant plus là que des murailles éventrées, des quartiers de rocher couchés sur l'arène, je sortis, le cœur glacé d'horreur, en me disant : *Justus es, Domine, et rectum judicium tuum !* Ce peuple avait comblé la mesure ! Maintenant, suivons sa destruction sur les voies publiques et un peu partout, dans Rome et sa banlieue.

Promenade sur la voie Appienne et un peu partout.

Je consacre une journée entière aux environs de Rome, je veux constater le faste des fils de Romulus, même jusque dans leurs tombeaux. Je sors donc hors de la porte Saint-Sébastien et me voici sur la voie Appienne, surnommée la *regina riarum*. Elle est l'œuvre du censeur Appius Claudius ; il la commença 312 ans avant Jésus-Christ et la conduisit de Rome à Capoue, alors limite du territoire romain, c'est-à-dire à deux cent huit kilomètres. Il eut d'énormes difficultés à vaincre, des rochers à couper, des constructions sur pilotis à établir, des ponts à jeter sur les cours d'eau ; rien ne déconcerta son énergique volonté, et sa voie reste encore une voie monumentale—fouillée et dégagée en 1850 par l'archéologue Canina ;—j'ai pu constater l'admirable dallage de cette route, en lave basaltique. De la ville à la porte Saint-Sébastien, elle est bordée de murs, puis ce sont des tombeaux à droite et à gauche. Le premier monument qui s'offre à moi, c'est la petite église *Domine-quo-radis*, ainsi nommée parce que, suivant une légende, saint Pierre se sauvant de Rome, rencontra là Jésus-Christ portant la croix et lui dit : *Domine quo radis?* Seigneur, où allez-vous? Je vais à Rome pour être crucifié de nouveau. Pierre comprit le reproche et retourna pour braver le martyre. Je vénérai là l'empreinte des pieds du Sauveur. Presqu'en face de l'église Saint-Sébastien est le tombeau circulaire de Priscilla; plus loin voici la tombe de Cécilia Metella, c'est la plus belle et la mieux conservée, elle est de forme circulaire et recouverte de grosses dalles de travertin. La tour était couronnée de colonnes soutenant une coupole ; les *Gaetani* en enlevèrent les colonnes et mirent à la place des créneaux. Je suis déjà à quatre kilomètres et en face d'une ædicula que l'on croit être le tombeau de Sénèque ; c'est ici qu'était sa villa ; il était à table avec Pauline, sa femme, et deux amis quand le tribun lui apporta le message de Néron ; il se fit ouvrir les veines. Du même côté, longue inscription en vers des enfants de Sextus Pompée Justus, affranchi d'un des Sexti, descendants du grand Pompée. Quelques pas plus loin, ruines d'un temple de Jupiter, où, selon *les Actes des Martyrs,* une foule de chrétiens furent massacrés. Les Tornelia dépouillèrent ce temple de ses colonnes, c'est dire qu'il n'y a plus là que des ruines. A partir de là, une telle série de tombeaux se déroule, qu'on se croirait dans une véritable nécropole ; mais pourtant nécropole dévastée par la sape des Barbares et couchée ignominieusement dans la boue de son orgueil. Allons aux plus antiques et aux plus renommés. Que dire en effet de la tombe de Caïus Licinius, dont il ne reste que des fragments de sculpture et une inscription ? Et là-bas, ces tumulus en terre, avec des soubassements en pierre, ce seraient, dit-on, les tombeaux des Horaces et des Curiaces ; là ils auraient combattu, là ils auraient été inhumés. Et sur le côté gauche, quels sont ces restes gigantesques d'une tombe pyramidale ? on l'ignore ; voilà encore un orgueil confondu ! De ma voiture, je lis l'inscription lapidaire de la tombe de Marcus Cécilius. Elle est

la voisine du tombeau où Canina croit que Pomponius
Atticus fut enterré. Me voici au neuvième kilomètre et, des
ruines ! Quel châtiment de cet orgueil et de ce sensualisme
romain ! les noms mêmes sont effacés, on ne va qu'à
tâtons ! Ici, restes d'un établissement de bains et d'une
villa inconnue, où l'on voit les vestiges de pavés en mosaï-
que. Enfin nous voici en face d'un énorme tombeau circulaire, appelé *Casale rotondo;* les dimensions en sont
colossales ; il remonte au temps de la République ; Mes-
salinus Cotta, dont le nom a été conservé dans l'inscription, l'aurait consacré à Messala Corvinus, l'ami d'Auguste
et d'Horace. C'est le plus grand tombeau qu'on trouve
sur cette route. A quelque distance de là et du même côté,
s'élève la tour dite *Torre selce,* bâtie en silex et élevée, au
moyen âge, sur les ruines d'un tombeau circulaire et
encore inconnu. Quant à ceux que l'on voit plus loin, des
deux côtés de la route, les uns sont mieux conservés ; des
autres, il reste à peine quelques vestiges et la plupart sans
nom. Vers la fin du douzième kilomètre, on trouve, à
droite, quelques débris de colonnes qui semblent être les
restes d'un portique quadrangulaire consacré à Sylvain et
qui contenait probablement un petit édifice dédié à Hercule.
Vous le voyez : toujours des probabilités ! toujours des
conjectures ! Encore une grande tombe appelée le *Tor-
raccio;* l'intérieur est très bien conservé ; on en voit
encore la voûte et quatre grandes niches autour de la *cella*
ou oratoire ; cela indique un grand personnage, mais quel
est-il ? Passons à sa voisine : ici l'on donne un nom ; c'est,
dit-on, le mausolée de Gallien ; la rotonde avec une chambre sépulcrale est assez bien conservée. On croit que les
vestiges de murs antiques étaient les restes de la villa de
cet empereur. Me voici bientôt au terme de ma course ; dix-
sept kilomètres ! Je suis aux Frattochie où la route d'Albano

débouche sur la voie Appienne. Maintenant les tombeaux deviennent plus rares. Pourtant avant de rebrousser chemin je veux m'enquérir de ce que sont ces ruines que j'aperçois devant moi ; c'est, me dit-on, l'antique Bovilla, ville qui existait à une époque très reculée. Je vois là encore les vestiges d'un sanctuaire, d'un cirque, d'une citerne, d'un théâtre, de monuments funéraires, et quelques débris du pavé de plusieurs de ses rues. C'est là que Milon tua Publius Clodius.

Revenant sur mes pas, jusqu'aux tombes des Horaces et des Curiaces, j'entre dans la ferme appelée la Vieille Rome pour y examiner une quantité de ruines de la villa des Quintilius. Ce sont : deux salles de bains, un petit amphithéâtre, un aqueduc et mille autres anciennes curiosités de ces voluptueux Romains. Prenant ensuite le chemin de traverse qui réunit la voie Appienne et la grande route d'Albano pour me diriger sur Rome, j'arrive au cirque de Romulus, c'est-à-dire Romulus, fils de Maxime. Il offre un puissant intérêt parce qu'il est fort bien conservé. A peu de distance de là est le temple du même personnage ; le souterrain du portique et de la *cella* sont en bon état. A quelques centaines de pas, l'on me fait remarquer, sur une petite éminence, le temple de Bacchus, actuellement l'église de Saint-Urbain. J'admire ici la haute intelligence des Papes de conserver et de sanctifier ainsi ces dernières épaves du paganisme. La façade de l'église est portée sur les quatre colonnes corinthiennes qui soutenaient le portique. Avant de rentrer dans Rome, je veux reconnaître le lieu où fut la villa Adriana. Qui n'a entendu parler de cette merveille ? Après avoir parcouru les provinces de son empire, cet empereur voulut, à son retour, réunir dans une villa tout ce qui avait le plus frappé ses regards. C'est dans ce but qu'il fonda le

Lycée, l'Académie, le Prytanée et le Pécile, à l'instar
d'Athènes. Il y ajouta le Canope d'Egypte, la vallée de
Tempée, des théâtres, des temples et jusqu'au Tartare
ainsi qu'aux Champs-Elysées. Au milieu s'élevait le magnifique palais de l'Empereur, qui comprenait aussi des
casernes pour les gardes prétoriennes. Tout cela était
embelli par les merveilleuses productions de l'art, aujour-
d'hui éparses dans les principaux musées de l'Europe.
Attila est passé avec ses bandes par la villa Adriana ; il la
mit à sac et la rasa jusqu'au sol.

Il n'épargna pas non plus Tivoli, où j'allai passer ma
matinée du lendemain. J'avais hâte d'aller visiter ce ren-
dez-vous de toute la fine société romaine ; que sont auprès
de Tivoli nos casinos et nos villas modernes de nos eaux
thermales les plus renommées ! Là étaient les thermes d'A-
grippa où venait se baigner Auguste ; Zénobie y passait des
saisons ; Tivoli était cher aux Romains ; une foule de per-
sonnages illustres y avaient leurs villas ; on s'y trouve au
milieu des plus riants souvenirs de la littérature romaine ;
les échos semblent répéter encore les noms de Mécène,
d'Horace, de Properce, de Catule et de Zénobie. Cette
célèbre prisonnière de Palmyre ; c'est là qu'elle passa sa
captivité et son nom est resté attaché aux bains *Aquæ
albulæ, Bagni di Regina*. Le nom poétique de Tibur est
dans presque tous les poètes latins ; Horace le préfère à
tous les lieux célèbres et vantés. Là, la sybille avait son
temple ; Quintilius Varus, Mécène et Horace leurs villas.
J'arrivai donc là encore avec toutes mes illusions litté-
raires ; Dieu ! quelle déception quand je me vis au milieu
des plus hideuses ruines ! du temple de Vesta un seul portique soutenu par dix colonnes corinthiennes ; en place de
celui de la sybille, une église dédiée à saint George. De la
villa Varus l'on n'a sauvé qu'une riche collection d'objets

d'art qui attestent son ancienne splendeur. La villa Mécène, elle, nous offre encore une partie d'un corridor et une grande salle souterraine. On y a creusé un canal, dans lequel passe un torrent dont les eaux forment une belle cascade, en se précipitant dans la vallée. Quant à la villa d'Horace, même les guides de la localité indiquent d'une manière toute conjecturale son emplacement. Voilà donc ce qui reste dans ce petit coin de la campagne romaine, si joyeusement chanté par toutes les illustrations de la poésie latine. Je revins le cœur bien serré et je conseille aux voyageurs de n'aller là que pour contempler les charmantes cascatelles de l'Anio. Quant à l'archéologue, il peut y trouver une puissante raison de faire un bon acte de foi en la Providence de Dieu.

J'avais l'intention de consacrer le reste de ma journée à Frascati, mais j'aurai l'occasion d'y revenir pour un sujet moins triste. Je veux aujourd'hui en finir avec toutes ces ruines ; disons donc ce qu'il reste, au sein même de Rome, d'abord de tous ces splendides forums. *San-Giorgio-in-Velabro* rappelle seul l'emplacement du *Forum Boarium:* celui de Jules César, dont le terrain seul lui coûta vingt-cinq millions, eut le sort du grand forum, dont il était une extension. Du *transitorium*, qui servait de passage pour aller aux forums de César et d'Auguste, il ne reste que deux colonnes. Son voisin, le Forum d'Auguste en garde trois avec un pilastre soutenant une architrave d'un très beau style. Celui de Trajan, qui surpassait tous les autres en magnificence, me parut le plus ravagé et le plus bouleversé ; où est la célèbre basilique ? où est la bibliothèque Ulpienne ? Au moins la superbe colonne se tient encore debout, elle sert de socle à saint Pierre qui bénit et protège tout le quartier. Déjà, nous avons dit que la plupart des temples eurent le sort des forums et des palais. Ceux, qui échappèrent à la sape des barbares, grâce aux papes, amis des arts, reçurent une tout autre destination ; celui de Vesta s'appelle aujourd'hui Santa-Maria-del-Sole, celui de Cérès et de Proserpine, Santa-Maria-in-Cosmédin ; celui de la Fortune Virile, Sainte-Marie-l'Égyptienne. Enfin le Panthéon d'Agrippa, cet échantillon de l'art de bâtir à la fin de la République, et dédié à tous les dieux, porte aujourd'hui le nom de Santa-Maria-ad-Martyres ; et à la place des impures divinités païennes, les Papes y firent déposer trente-deux chariots d'ossements de martyrs et instituèrent là la fête de la Toussaint. Là est le tombeau de Raphaël ; le gouvernement piémontais y fit enterrer Victor-Emmanuel.

Les Romains de la République se baignaient dans le Tibre, mais en échange de leur liberté, les Empereurs leur bâtirent des Thermes, et avec quel luxe ! Ils y trouvaient des bains froids, tièdes, chauds et de vapeur. Il y avait des salles pour se sécher, pour se parfumer ; des stades pour les exercices et les jeux ; des promenades ombragées de grands arbres ; des portiques où les poètes déclamaient leurs vers ; des bibliothèques, des musées, des galeries de tableaux. J'ai passé près des Thermes d'Agrippa, je n'y ai reconnu que des vestiges contigus au Panthéon. J'ai fait le tour de ceux de Caracalla ; ce sont les plus grandes ruines de Rome avec le Colisée, le Palais des Empereurs et les Thermes de Dioclétien. Pour embrasser toutes ces ruines, je me suis hissé sur ces massives constructions ; c'est au milieu de ces bains que l'on découvrit l'Hercule Farnèse, le torse du Belvédère, la Flore, la Vénus Callipyge, le taureau Farnèse, les grandes baignoires de granit de la Piazza Farnèse. Ces thermes comptaient mille six cents siéges en marbre poli. Vitigès, assiégeant Bélisaire, a tout abattu, tout bouleversé. Et ceux de

Titus, bâtis sur l'emplacement du palais d'or de Néron, et embrassant les jardins de Mécène, tout s'est écroulé sous la pioche des barbares ; et dans des siècles l'on retrouvera peut-être sous ces ruines, les tombes de Mécène et de son ami Horace. Revenant de dire la messe à Saint-André-du-Quirinal sur le corps de saint Stanislas Kostia, j'aperçois de grands murs troués et démantelés, c'étaient les Thermes de Dioclétien ; l'enceinte était de quatorze cent vingt-et-un mètres et il y avait place pour deux mille trois cents baigneurs. L'une de ses rotondes est transformée en l'église San-Bernardo, l'autre est détruite ; Michel-Ange fit de la grande salle du milieu la belle église Santa-Maria-degli-Angeli ; et ces pans de murailles désagrégées et isolées me faisaient peur à voir. Enfin ceux de Constantin, qui avaient plus de huit cents mètres de circuit, sont occupés aujourd'hui par les palais Aldobrandini, Rospigliosi, du Quirinal et la place de Monte-Cavallo. Je n'aborde point la question des aqueducs ; ce sont là des travaux qui donnent la plus haute idée du génie et de la grandeur des Romains ; du reste les Papes l'ont compris, et de tous ces aqueducs ils en ont conservé trois qui suffisent à l'alimentation de Rome. Il en est des théâtres et des cirques comme des palais et des temples, partout des ruines ! La société païenne était finie ; une autre va prendre sa place, mais quelle est cette société et d'où vient-elle ?

II. — ORIGINES DE LA ROME CHRÉTIENNE

C'est dans les catacombes qu'il faut rechercher les origines de la Rome chrétienne. Mais avant de faire ma visite

aux catacombes, avant de descendre dans ces lieux saints
et mystérieux, certaines notions préliminaires sont indis-
pensables pour visiter ces sanctuaires avec profit. Je veux
donc jeter un coup d'œil d'ensemble : 1° sur l'apparition
des premiers chrétiens à Rome ; 2° sur leur situation vis-
à-vis des lois de l'Empire ; 3° sur les sépultures, en géné-
ral, à Rome; 4° sur les catacombes des chrétiens en parti-
culier.

1° Sur l'apparition des chrétiens à Rome.

Par qui donc fut d'abord jetée, à Rome, la semence évan-
gélique ? Quels furent les premiers prédicateurs de la nouvelle doctrine? *Les Actes des Apôtres* nous répondent que,
parmi les témoins du grand miracle de la Pentecôte, se
trouvaient des Romains, des Grecs, des Juifs, des prosé-
lytes de toutes les nations. De retour dans leurs villes, ces
étrangers ne purent ne pas raconter les choses merveilleuses qu'ils avaient vues. Bien plus, plusieurs soldats de
la cohorte Italienne se convertirent, en même temps que le
centurion Corneille. Eh bien ! voilà les premiers prédicateurs de l'Évangile à Rome. Si saint Pierre ne les accom-
gnait pas, il les suivait de bien près, puisqu'il fit son
entrée dans la grande cité, en l'an 42, sous le règne de
Caligula. Et déjà, dit saint Paul, la foi des chrétiens de
Rome était célèbre dans tout l'univers. Les Juifs convertis,
mêlés aux grandes familles, y faisaient de nombreux pro-
sélytes. L'Apôtre des Gentils saluait déjà avec distinction
les chrétiens de la maison de César : C'est un Flavius
Clémens, parent de Domitien, qui brave le martyre ; c'est
le sénateur Apollonius qui marche sur ses traces; c'est le

patricien Libéralis qui fait aussi son sacrifice ; ce sont de nobles dames, de rang sénatorial, dont on retrouve les restes dans d'humbles *loculi* ; c'est Marcia, la concubine de Commode ; ce sont des sénateurs et des femmes illustres *clarissimœ*, protégées par Septime-Sévère lui-même ; et combien d'autres noms célèbres restés inconnus, grâce à la fureur de Dioclétien, qui détruisit, en partie, les archives des Chrétiens. Que de beaux noms, que de nobles mémoires périrent alors pour la postérité chrétienne ! Mais, heureusement ! l'archéologie patiente, en interprétant, en comparant, en lisant entre les lignes, nous a rendu quelques-unes de ces illustrations antiques. A elle nous devons les noms d'un Titus Flavius Sabinus, frère de Vespasien, préfet de Rome, l'année du martyre de saint Pierre et de saint Paul ; d'un Titus Flavius Clémens, fils du précédent, époux de sa cousine Flavia Domitilla, nièce de Domitien ; tous deux ne trouvèrent pas grâce devant ce cruel tyran, qui envoya son neveu au martyre et sa nièce en exil. L'archéologie nous a rendu aussi cette Plautilla, fille spirituelle de saint Pierre, sœur de Flavius Clémens, mère d'une troisième Domitilla, qui donna sa vie pour la foi et son nom à une catacombe ; et Pétronilla, cette autre fille spirituelle de saint Pierre, appartenant par sa mère à la *gens Flavius Petro*, et par son père à la *gens Aurelia,* son sarcophage en fait foi : *Aureliœ Petronillœ ;* et cette Pomponia Grœcina, femme de Plautius, le conquérant de la Bretagne, ne fut-elle point surnommée Lucine, fille de la lumière? Ne fut-ce point à elle que saint Paul dut sa catacombe ? l'archéologie ne la réclame-t-elle pas comme une des plus ferventes chrétiennes, puisqu'elle a retrouvé, dans le cimetière Callixte, l'inscription funéraire d'un de ses petits fils ? Donc un point demeure acquis : C'est que dès le début de la prédication chrétienne, l'Église recruta des adhérents dans tous les rangs de la société romaine, et non pas, comme on le dit si souvent encore, dans la seule classe des prolétaires et des esclaves. Ce que nous venons de dire le démontre; mais l'histoire du premier âge des catacombes le prouvera jusqu'à l'évidence. Une deuxième question s'impose ici.

2° Quelle était la situation des chrétiens vis-à-vis des lois de l'Empire ?

D'abord ils furent regardés comme une secte juive; et, comme tels, ils bénéficièrent de la protection accordée aux Juifs. A dater de César, le judaïsme avait été reconnu comme licite; ses usages nationaux et ses pratiques religieuses avaient droit de cité à Rome. La paix légale, dont il jouissait, fut bien troublée quelquefois; mais le décret de Tibère, permettant aux Juifs, ses sujets, de conserver leurs anciennes coutumes, ne fut jamais abrogé. Aussi voyons-nous saint Paul réunir les Juifs, en toute liberté, dans sa maison, et leur prêcher la parole du Christ. Les Chrétiens vivaient donc à l'ombre du judaïsme, dont la légalité n'était pas contestée.

Mais cette confusion, pour eux, si avantageuse, fut bientôt dissipée par la haine des Juifs. Ceux-ci dénoncèrent partout leurs prétendus corréligionnaires. La distinction des deux religions étant alors mise en lumière, le gouvernement prit un parti; il déclara le christianisme non reconnu et illégal; et Néron, rejetant sur eux l'incendie de Rome, les proscrivit. De cet édit date l'ère des persécutions. Désormais la religion chrétienne ne put vivre que par tolérance et demeura sous le coup d'une menace continuelle. *Non licet esse vos,* il ne vous est pas permis d'être vous. Voilà, en un seul mot, le résumé des lois romaines contre les Chrétiens et contre toute religion non reconnue par l'État.

Mais si l'Église était rejetée par la société païenne, les tombeaux de ses membres restaient protégés par le droit commun. Il en fut ainsi pendant les deux premiers siècles. Au troisième il fallut des dispositions spéciales pour les faire sortir de la condition commune. On connaît le respect des tombeaux chez les anciens. A Rome, le sol qui avait reçu un cadavre devenait privilégié, il acquérait le caractère religieux. Cette inviolabilité légale profitait aux Chrétiens. Inaliénables et imprescriptibles, les tombes des familles chrétiennes étaient mises, par la loi elle-même, à l'abri de toute profanation et de tout mélange. Elles étaient sous la juridiction des pontifes, qui veillaient à la conservation des monuments. Les magistrats délivraient les suppliciés à qui les réclamait. La loi s'étendait à l'*area* ou emplacement, à l'hypogée creusé dessous, aux constructions, aux jardins, au domaine entier, dont le tombeau était le centre. Une *area* pouvait avoir plus de mille pieds de long sur cinq cents de large. Donc des sépultures de famille purent devenir aisément des sépultures communes. L'*area* de Lucine de cent pieds *in fronte,* cent quatre-vingts *in agro,* pouvait contenir, dit M. de Rossi, plus de deux mille *loculi.* Telles étaient les lois concernant les tombeaux.

Mais il y avait aussi les lois concernant les corporations funéraires. A Rome, les *collegia* ou corporations étaient innombrables ; l'on pouvait donc, et cela sans demander l'autorisation, s'associer, *permettitur,* dit la loi, c'est permis. L'Église s'empressa de suite d'adopter la forme légale d'une association funéraire. Alors elle put exercer

en entier les rites et les cérémonies de son culte. Les
païens avaient leurs sacrifices et leurs repas de corps anni-
versaires, en l'honneur d'un parent mort ou d'un patron
de collége ; les chrétiens eurent aussi leurs réunions
pieuses, leur *dies natalis* en l'honneur de leurs martyrs,
de là les agapes, qui finirent par se rapprocher des réjouis-
sances païennes ; aussi les pères de l'Église tonnèrent-ils
contre elles. Les païens avaient leur *schola* ou salle de
festin près de leurs tombeaux, où était creusé le puits ou
la citerne d'usage ; les Chrétiens, à leur exemple, eurent
leur *triclinium* ou salle à manger, et tout à côté le puits,
ou le réservoir et la fontaine. Mais voici une inscription
qui résume parfaitement les usages funéraires de la primitive Église : Elvipius, adorateur du Verbe, a donné
cette *area* pour des sépultures et a bâti une *cella* ou
oratoire entièrement à ses frais. Il a laissé cette *memoria*
ou souvenir à la sainte Église. D'un cœur pur et simple,
Elvipius vous salue, Frères, nés du Saint-Esprit. Cette
inscription, dit M. de Rossi, ne respire-t-elle pas la sua-
vité du sentiment primitif? ne semble-t-elle pas imprégnée
d'une saveur d'archaïsme? Voilà, je crois, de nombreuses
preuves de l'existence de l'Église chrétienne comme corporation légalement établie. De plus, nous voyons Constantin ordonner la restitution aux Chrétiens des lieux qui
appartiennent à leurs corporations. Même dans les édits
de persécution, il y avait toujours une clause qui comman-
dait le respect aux cimetières. Mais les païens, jaloux de
ce droit, en demandaient obstinément l'abolition : *Area*
non sint ! s'écriaient-ils, qu'ils n'aient point de cimetières !
Mais les tyrans, reconnaissant ce droit, se contentaient d'en
interdire l'usage ; la persécution passée, les Chrétiens
rentraient alors dans le droit commun. Donc : l'Église *illé-*
gale, comme religion, mais *licite*, comme corporation.

3· Les sépultures à Rome.

Les lois romaines défendaient d'enterrer dans l'enceinte de la ville. Aussi les innombrables tombeaux, qui se pressaient aux portes de Rome, avaient été construits par des membres de différentes nations, et ils offraient, en raccourci, le tableau des usages funéraires de tous les peuples civilisés. Chez les Grecs, on enterrait où l'on brûlait les corps ; chez les Égyptiens, on les momifiait ; à Rome, depuis la fin de la République, on les brûlait ; l'on recueillait leurs cendres dans des urnes, que l'on déposait dans les niches des colombaires ou tombeaux de famille. Cette coutume était peu ancienne chez les Romains, car des guerriers, couchés dans leur armure, ont été découverts dans les tombeaux étrusques. A Rome même, j'ai vu, en dehors de la porte Capène, cette fameuse tombe des Scipions, dont les grands sarcophages contenaient des corps entiers. A quatre milles de la ville, sur la voie Flaminienne, on peut visiter aussi le tombeau des Nasons ; et celui-ci se rapproche beaucoup du mode de sépulture des Chrétiens. Du reste l'usage des sarcophages reprit sous les Antonins, et l'incinération disparut au cinquième siècle.

Les Juifs suivirent sans doute les usages de la Phénicie et de la Palestine ; leurs tombes sont creusées sous terre, avec chambres isolées, quelques *loculi* et quelques *arcosolia* seulement. On les reconnaît à leurs inscriptions grecques et au chandelier à sept branches. Leur mode de sépulture est-il une imitation de la caverne de Mambré ? Peut-être est-ce une tradition pas plus certaine que celle que l'on prête aux Chrétiens d'avoir voulu imiter la sépulture de Joseph d'Arimathie? Mais, quoi qu'il en soit, les sépultures des uns et des autres ont plusieurs points de contact. Les Chrétiens, eux, tout en s'écartant des sépultures des Romains, se sont conformés à leurs lois, à leurs usages et à leurs mœurs, en tout ce qui n'était pas contraire à la loi divine et repoussé par la conscience des fidèles. Aussi, loin de paraître une innovation, l'ouverture des premières catacombes ne dût-elle surprendre personne. Les Chrétiens usèrent donc de la liberté accordée à tous, en matière de sépulture. Ils enterrèrent leurs morts suivant un usage antique et même pratiqué chez les Romains.

4° Les catacombes des Chrétiens. Nature, lieu, mode de structure.

Le mot catacombe, appliqué aujourd'hui aux sépultures souterraines, ne servait pas, dans l'antiquité, à désigner celles des Chrétiens : on les appelait alors *cœmeterium*, dortoir, lieu consacré au sommeil, *martyrium* ou *confessio*, témoignage, confession de la foi. Les tombes s'appelaient *locus*, l'enterrement *depositio*, toutes expressions imprégnées et parfumées de christianisme. Les catacombes romaines, pour employer la dénomination consacrée par l'usage, consistent donc en de vastes labyrinthes de galeries creusées sous les collines, qui entourent la Ville éternelle. Les sept collines, sur lesquelles Rome est bâtie, ne recouvrent aucune catacombe. Toutes les nécropoles chrétiennes sont situées hors des murs. Leur développement total atteint des dimensions qui étonnent l'imagination. Ce n'est pas qu'elles se relient ensemble, forment un seul réseau et s'étendent sous toute la campagne romaine et même jusque dans Rome, non ; les conditions géologiques du sol romain ne s'y prêtent nullement. Les sept collines se composent d'un tuf lapidaire, appelé par les anciens *lapis ruber saxum quadratum,* lave volcanique, véritable granit, donc sol tout à fait impropre aux excavations funéraires ; aussi n'y trouve-t-on aucune catacombe. Il en est de même de la campagne romaine ; sol humide, marécageux, sillonné de rivières et de nombreux cours d'eau souterrains. Le vrai sol, propre aux catacombes, c'était donc celui des collines qui entourent la ville. Composé de *tufa granulare,* il se travaille facilement ; il est assez consistant pour qu'on puisse le façonner en galeries et en chambres, sans danger d'effondrement, et en même temps assez poreux pour absorber promptement l'eau, assurant ainsi la sécheresse et la salubrité des galeries.

C'est donc dans ces collines que les Chrétiens creusèrent leurs catacombes. Isolées, séparées les unes des autres par les accidents du sol et les limites des propriétés voisines, elles n'occupent autour de Rome qu'une zône peu étendue ; mais la longueur de leurs galeries mises bout à bout est prodigieuse. Une catacombe a trois, quatre et quelquefois cinq étages superposés, et, à chacun de ces étages, les galeries se coupent, s'entrecroisent, se replient les unes sur les autres. De cette manière elles peuvent, sous une superficie de médiocre étendue, réaliser des dimensions considérables. Les parois des galeries, des deux côtés, sont percées de niches horizontales que l'on peut comparer aux rayons d'une bibliothèque. Chaque niche était destinée à recevoir un ou plusieurs corps. De place en place, cette suite de niches est coupée par une

porte qui donne accès dans une petite chambre ; les murs
de ces chambres sont, ordinairement, aussi percés de tombeaux comme les galeries.

Tels étaient, tels sont encore les premiers cimetières
chrétiens. Que penser, maintenant, de l'opinion de ceux
qui prétendent que les catacombes furent creusées par les
païens pour bâtir Rome, et que les chrétiens se les appro-
prièrent ? La nature du sol leur donne un premier
démenti ; le mode de construction leur en inflige un
second. Les carrières lapidaires des païens ont leurs voies
larges, elles évitent les angles aigus, les détours brus-
ques ; elles adoucissent les sinuosités. Bien différente est
l'architecture des catacombes des chrétiens : les murailles
sont droites, le plafond légèrement voûté, les galeries
étroites, elles se dirigent en lignes droites, puis se croi-
sent à angles très aigus.

Maintenant que nous connaissons la nature, le lieu et
le mode de structure des catacombes, il nous reste à
rechercher leur origine, à suivre leur développement et à
constater leur désuétude et leur abandon définitif.

Origine des catacombes au premier et au deuxième siècle.

Quelle est donc l'origine des catacombes ? Aussi vieille
que les Apôtres, me répondent la tradition et la science.
L'architecture de cette ville souterraine, la distribution
de ses rues, de ses salles de réunion, de ses oratoires,
tout ne rappelle-t-il pas les premiers temps de l'ère apostolique ? la sculpture de ses sarcophages et de ses tombeaux ne fait-elle pas penser de suite au sacrifice du
Calvaire ; ne sont-ce pas de véritables autels préparés pour

la victime sainte? les fresques de ses murailles et de ses voûtes, empruntées tantôt au symbolisme, tantôt à l'allégorie, inspirées soit par la Bible, soit par l'Évangile, soit même par la liturgie, ne sont-ce pas de vrais traités théologiques des dogmes et de la morale de la religion chrétienne? les inscriptions et les épitaphes de ses tombeaux ne sont-elles pas les premières annales ecclésiastiques ? ne redisent-elles pas et les souffrances et les triomphes de la primitive Église? Oui, dit M. de Rossi, je découvre dans ces cimetières, à la lumière de la critique la plus exacte, le berceau de l'architecture sépulcrale chrétienne ; je trouve dans les catacombes la sépulture de plusieurs contemporains des Flavius et des Trajan, et par conséquent la date certaine de l'âge apostolique.

Les cimetières auxquels s'appliquent ces paroles sont les suivants : sur la voie Cornelia, celui de Saint-Pierre, au Vatican; sur la voie d'Ostie, celui de Saint-Paul ; sur la voie Salaria Nova, celui de Sainte-Priscille ; sur la voie Nomentane, celui d'Ostrianus ; sur la voie Ardeatine, celui de Sainte-Domitille.

La tombe de saint Pierre fut enfouie d'abord sous le sol du champ triomphal, à quelques pas du cirque de Néron, dans une crypte préparée par le sénateur Pudens, qui avait à cœur de continuer envers son hôte vénérable, après son trépas, l'hospitalité qu'il s'honorait de lui offrir ; au-dessus de cette tombe, dit *le Liber Pontificalis*, c'est Anaclet qui, le premier, construisit une *memoria* digne du grand Pierre, puis, dans la suite des siècles, les somptueuses constructions qui l'ont successivement entourée, depuis Constantin, ne lui ont point enlevé son immobilité; je les ai descendus ces degrés qui conduisent au niveau de la crypte des *Cornelii*, et je me suis trouvé en présence de la Confession immortelle et j'ai célébré à l'endroit

même où dort le grand Pontife, à quelques pas du fameux
térébinthe, ombragé aujourd'hui par la croix. Je vénérai
ce tombeau, autour duquel reposent tous les successeurs
de Pierre jusqu'au pape Victor. Urbain VIII reconstruisant
la sainte Confession mit à nu plusieurs sarcophages, et,
sur le couvercle de l'un, était gravé le nom du second
pape Linus, preuve tangible de la catacombe apostolique.

Passons de l'autre côté du Tibre, allons à la crypte de
saint Paul. Quoique la basilique ou *memoria* ait fort
endommagé la catacombe, l'on y a retrouvé trois inscriptions de l'époque primitive, et, entre autres, celle d'un
contemporain des Flavius; ici dort *Titus Flavius Eutychius*, et c'est à l'endroit même où, quarante années aupa-
ravant, fut enterré saint Paul.

Revenons sur la voie *Salaria Nova*, c'est la catacombe
de Sainte-Priscille, creusée dans la propriété du sénateur
Pudens, contemporain et disciple des Apôtres. Une chapelle s'élève au centre; autour de cet hypogée dorment
sainte Pudentienne, sainte Praxède et les membres de la
famille du sénateur. Le style des fresques, les sujets
qu'elles représentent, tout est primitif et classique; inscriptions très laconiques, comme *pax tecum!* la paix! la
paix avec vous! Et encore une épitaphe d'un *Titus Flarius
Felicissimus;* comme tout cela nous reporte au premier
siècle !

Celui d'Ostrianus est donné, par Pavinius, comme le
plus ancien; M. de Rossi serait assez de cet avis, car les
caractères des inscriptions, dit-il, sont très beaux et de
forme classique; leur style est d'un laconisme qui ne peut
appartenir qu'aux premiers temps de l'épigraphie chrétienne. Le symbole de l'ancre s'y voit, et une seule a
l'antique acclamation : *Vivas in Deo !* Et puis les formes
si brèves : Filio! Filiæ! Filio dulcissimo! A mon fils! à

ma fille ! à mon fils le plus chéri ! ! Et rien de plus... Ici, l'on trouve aussi des *Aurelii,* des *Claudii,* des *Flavii,* des *Ulpii.* Une telle série de noms se rapporte bien à la génération qui entendit les Apôtres.

Enfin, nous voici en face du cimetière de Sainte-Domitille et de ses deux serviteurs Nérée et Achillée ; on ne dira point que celui-ci n'est pas de l'âge primitif du christianisme. Son histoire se lie bien évidemment à l'un des faits les plus remarquables des annales ecclésiastiques, la conversion de plusieurs membres de la famille impériale. Dans cet hypogée reposent d'abord *Flavia Domitilla,* puis plusieurs membres de la *gens Bruttia,* puis encore un autre membre de la *gens Flavia.* Au milieu de ces ruines, M. de Rossi a reconnu un vaste *atrium* ou vestibule décoré à la manière des maisons de *Pompéi* ; là est le puits circulaire, tout près le réservoir d'eau et la fontaine ; un banc de pierre court le long des murailles ; impossible de ne pas reconnaître ici le *triclinium* ou salle des agapes chrétiennes. Et cette magnifique vigne, où se jouent des génies et des oiseaux ! Et Daniel entouré de ses lions, les bras élevés dans l'attitude de la prière ! tout ici nous dit encore que cette catacombe date de l'âge apostolique.

Donc, il existe des signes caractéristiques pour s'assurer de l'âge primitif d'une catacombe ; et ces signes sont : la structure, les décorations et les inscriptions de la catacombe elle-même. Ainsi, les cryptes sont de dimensions plus vastes, non creusées, comme d'ordinaire, dans le roc nu, mais maçonnées avec soin, ornées d'élégants pilastres et de corniches en brique ou en terre cuite. Les ambulacres sont spacieux ; les murailles sont revêtues de très beaux stucs, ou couvertes de peintures du plus pur style classique ; les niches sont en petit nombre destinées à recevoir des sarcophages. Leurs inscriptions forment une famille à part, offrant un grand nombre de noms classiques, et ne représentant encore aucune des formules qu'adopta l'épigraphie chrétienne. Quelques-unes de ces inscriptions ont des dates certaines, et ces dates sont du premier et du deuxième siècle.

Les catacombes au troisième siècle. — Organisation de la corporation funéraire.

Nous voici arrivés au troisième siècle, à l'époque où, pour la première fois, les édits de persécution vont s'occuper des cimetières des Chrétiens. Mais l'Église n'est pas prise au dépourvu ; reconnue comme association funéraire, elle a tout prévu, elle a tout organisé ; elle sent bien qu'elle entre dans une phase nouvelle de sa vie ; elle fait alors tourner, à son avantage, la protection que les lois romaines . accordent aux corporations ; et, pour obéir à ces lois, elle choisit un de ses membres pour être le gérant ou le syndic, qui administrera la propriété commune et veillera aux intérêts de la corporation. Et c'est Callixte, que le pape Zéphirin appelle à ces hautes fonctions. A lui la direction du clergé et l'administration du cimetière commun ; à lui de gouverner, à ce double titre, le trésor commun. Désormais donc l'*ecclesia fratrum* a son cimetière ; il est sur la voie Appienne, et il portera le nom de son administrateur ; c'est dans ce cimetière que sera la sépulture des Papes. De Zéphirin à Silvestre, treize y furent enterrés. Tel fut le premier lieu public de sépulture, dit M. de Rossi, possédé et administré officiellement par l'Église de Rome ; par lui se fonda la propriété ecclésiastique, conséquence naturelle de la forme corporative adoptée par l'Église, dans ses rapports avec la société civile, à partir du troisième siècle.

D'autres cimetières lui appartinrent bientôt, au même titre. Le *Liber Pontificalis* rapporte, qu'en 238, saint Fabien divisa les diverses régions de Rome entre les diacres et ordonna la construction de nombreux édifices dans les cimetières; c'étaient des oratoires élevés au-dessus des catacombes. C'était aussi l'usage dans les grands domaines funéraires païens. Les persécuteurs vinrent bien parfois troubler les Chrétiens dans leur possession, mais ils ne leur contestèrent jamais la propriété; ils leur interdirent l'entrée de leurs cimetières, ils vendirent même et firent démolir les *memoria* ou basiliques bâties au-dessus de leurs catacombes; ni à vous, ni à personne, disaient-ils, il n'est permis de tenir des assemblées et d'aller dans ce que vous appelez vos cimetières. Mais une fois l'orage passé, les *loca religiosa* confisqués étaient rendus aux possesseurs, et ils rentraient dans l'usage de leurs cimetières. Pour les couvrir d'une plus haute protection, le pape Denys, successeur de Sixte II, divisa les églises et les cimetières entre les prêtres et constitua des paroisses.

Cette fluctuation de la politique impériale, en mettant en relief la position singulière et contradictoire de l'Église chrétienne, devenue légitime comme corporation et demeurée illégale comme religion étrangère, firent comprendre aux Chrétiens la nécessité d'assurer l'inviolabilité de leurs sépultures et le secret de leurs réunions. A partir de ce moment, une direction nouvelle est donnée aux travaux des catacombes. L'entrée des cimetières est dissimulée; les passages dérobés sont étroits et tortueux; souvent un arénaire conduit dans une catacombe; tels sont les caractères distinctifs des catacombes du troisième siècle.

Souvent ces précautions étaient inutiles contre les invasions des païens. Qui ne connaît le martyre de Chrysantus et de Daria dans un arénaire? Grand nombre de Chrétiens, étant descendus à leur suite dans leur catacombe, toujours surveillés par les païens, ils furent dénoncés, l'Empereur fit murer toutes les issues; aussi quelle mort! Que de squelettes d'hommes, de femmes, d'enfants étendus sur le sol, pêle-mêle, au milieu des vases sacrés!!! Saint Damase ne voulut pas toucher à cette scène de martyre; il s'abstint de faire des travaux dans la crypte et d'y introduire aucun ornement étranger; il se contenta d'y poser une inscription et d'ouvrir dans la muraille une petite fenêtre afin que tous pussent contempler, sans y rien déranger, ce monument, unique dans son genre, cette Pompéi chrétienne, en miniature.

Encore une alternative de paix et de persécution. De Gallien à Dioclétien les Chrétiens embellissent et agrandissent leurs catacombes. C'est alors qu'y apparaissent les fresques ingénieuses empruntées tantôt à la Bible, tantôt à l'Évangile, tantôt à la liturgie; c'est encore un des caractères particuliers aux catacombes du troisième siècle. Mais, tout à coup, éclate la dixième persécution. Tout est renversé, tout est confisqué, les archives des Chrétiens sont brûlées. Les papes Marcellin et Marcel ne purent être enterrés dans le cimetière Callixte; les Chrétiens s'éloignent à cinq milles de Rome et creusent une catacombe sous le bois sacré des frères Arvales; c'est là qu'ils déposèrent Faustinianus, Rufinianus et Beatrix...

La paix étant rendue, le pape Melchiade recouvre les cimetières, fait transporter Eusèbe à Saint-Callixte et organise les vingt-cinq tituli en paroisses. A chaque paroisse est attaché un ou plusieurs cimetières; deux prêtres desservent chaque *cella* ou basilique. Le cimetière Callixte seul, reste sous la juridiction du Pape.

Les catacombes au quatrième siècle. Leur désuétude et leur abandon.

Mais voici Constantin sur le trône. Avec lui commence une nouvelle période de l'histoire des catacombes. Melchiade est le dernier pape enterré dans le cimetière Callixte ; les autres choisissent des basiliques pour leur sépulture. L'usage de se faire enterrer à ciel ouvert se propage. Les grandes constructions qui se faisaient sur les catacombes, les démolitions qu'elles occasionnaient, les galeries qui s'écroulaient, les centaines de *loculi* qui disparaissaient, enfin les catacombes elles-mêmes ensablées par les Chrétiens, et cela par respect pour les tombes des martyrs ; voilà sans doute la raison des sépultures à ciel ouvert. Aussi une telle dévastation des catacombes ne pouvait plaire à la piété réfléchie du pape Damase ; il trouva le moyen de satisfaire à sa dévotion envers les martyrs, sans détruire le caractère et l'aspect des cimetières souterrains. Retrouver leurs tombes fut son œuvre, il s'y consacra avec ardeur. Lui-même nous le dit, en nous montrant la sépulture d'Eutychius : *Quæritur, inventus coletur*, je l'ai cherché, je l'ai trouvé, il est honoré. Oui, telle fut l'œuvre du saint pape Damase ; il fit enlever la terre amoncelée dans les galeries, élargir les passages afin de donner accès à la foule croissante des pèlerins, construire des escaliers descendants aux plus illustres sanctuaires ; il consolida, par des contreforts, les murs et les voûtes, dont le tuf friable menaçait de s'effondrer. Aussi, disait-il aux Chrétiens en leur montrant les corps de Protus et d'Hyacinthus, vous voyez les monuments des saints enfin rendus à la lumière ; voici la tombe du martyr Protus et d'Hyacinthus ; autrefois elle était enveloppée de ténèbres, cachée par un amas de terre. C'est par ces inscriptions brûlantes qu'il enflammait le zèle des Chrétiens, au point que quelques-uns se construisirent, près des catacombes, de petites cellules, et, vivants, se firent les gardiens de morts. Saint Jérôme passait des nuits dans les catacombes ; le poète Prudence les chantait, et son enthousiasme pourrait encore s'appliquer aux cérémonies de la Rome moderne, à ces foules qui se portent à Saint-Laurent, à Saint-Paul, hors des murs, à Saint-Sébastien ou à Sainte-Agnès, au jour de leur *dies natalis*. Mais cet engoûment passa bientôt.

Voici l'année 410 ! En cette fatale année, dit saint Jérôme, la plus brillante lumière fut éteinte ; l'Empire romain fut décapité, ou pour parler en toute vérité, en une seule ville ; le monde entier périt. Alaric entrait dans Rome, massacrait ses habitants, les emmenait captifs ou dépouillés de leurs biens. C'est alors que l'on cessa de décorer les sépulcres. L'usage des catacombes, comme lieux de sépultures, brusquement interrompu, ne fut jamais repris. Profanées par les Goths, sous Vitigès, les papes les restaurent. Mais, en 756, on commence à transporter dans Rome les corps des saints. Ce fut Paul Ier qui fit la première translation ; Pascal Ier et ses successeurs continuèrent. Les catacombes furent définitivement abandonnées ; leur emplacement même est oublié ; je me trompe, une seule est toujours restée ouverte, c'est celle de Saint-Sébastien. Mais grâce au P. Marchi et au savant M. de Rossi, le voyageur, disons mieux, le pélerin du dix-neuvième siècle, peut visiter les intéressantes catacombes de Sainte-Agnès et de Saint-Callixte. Maintenant que nous savons que le christianisme a pris naissance et s'est développé dans ces lieux mystérieux et vingt fois séculaires, pénétrons-y aussi avec le même respect que nos pères dans la foi.

Visite à Sainte-Agnès.

Déjà je suis sur la voie Nomentane ; voici la porte *Pia* ; ici expire la banlieue, ici commence la poésie des campagnes. Je traverse l'Anio sur le pont de Bélisaire, coiffé d'un châtelet par Nicolas V. Je gravis un talus appelé le Mont-Sacré, il me rappelle l'apologue de Menenius-Agrippa. Quel point de vue sur la campagne ! Quelle Thébaïde ! Les montagnes reposent sur les plus verts tapis, et sous mes pieds, tout un monde souterrain ! Lignes de tombeaux, lignes d'aqueducs, c'est tout le mobilier de ces solitudes baignées de soleil ; j'aspire là l'âme du monde antique ! Voici les monts Sabins, le Soracte chanté par Horace ; au pied de ces monts, un temple de Jupiter, qui semble bâiller d'ennui ; puis le versant d'Albe-la-Longue. Ce pays n'est qu'un mausolée ; je m'étonne de trouver ici des bœufs, des brebis et des chèvres, puis des paysans qui coupent les grandes herbes. Je tombe au pont Nomentane ; c'est de là que Néron vint terminer sa triste vie dans la maison de son affranchi Phaon. J'entre dans l'église Sainte-Agnès, bâtie par Constantin, sur la catacombe de cette martyre. Je demande à descendre dans la crypte. Aussitôt, un bon religieux s'arme d'un fanal et de plusieurs bougies, je me mets à sa suite, le froid au cœur ; car, que le flambeau s'éteigne, que mon guide soit foudroyé, quelle horrible perspective ! Je regarde les parois, elles sont transformées en armoires ;

c'est ce que l'on appelle les *loculi*. Nous descendons toujours, et mon guide, se tournant vers moi, me dit : Vous sentiriez-vous le courage de visiter les six cents kilomètres de Rome souterraine? Oui, si ces catacombes n'étaient pas enfouies; sans doute, il me faudrait des mois, mais quelle étude! quelle magnifique histoire des origines de la primitive Église! Et les six millions de Chrétiens qui vécurent, là, sous terre et y dorment aujourd'hui leur sommeil! Quelle compagnie que celle-là! Quels intéressants colloques s'établiraient entre eux et moi! Et je disais encore à mon guide : Eh bien! ce sont ces hommes que les Empereurs auraient dû déifier; ceux-ci au moins en valaient la peine. C'est vrai, me répondit-il, mais ces chrétiens proclamaient l'égalité et la possession fraternelle des biens terrestres et ils anéantissaient ainsi la grande propriété et l'institution de l'esclavage; de là la haine des grands contre ces *hommes infâmes* et *pernicieux*...

Et je marchais à tâtons et j'interrogeais souvent mon guide, comme pour me remettre et m'aguerrir. Mais à quoi donc servaient ces fioles? à conserver le sang des martyrs, et je les approchais de mes lèvres. Qu'est-ce donc que cette palme imprimée sur le mortier? comment se trouve-t-elle là? Elle y fut déposée par une main amie. Et j'y lisais des inscriptions grecques et latines empruntées à nos livres saints; elles respirent toutes la résignation et la conformité à la volonté de Dieu. Tantôt c'est un acte d'adoration, tantôt un acte d'amour; comme tout cela était chaud, brûlant ! Quels cœurs vaillants!

Nous voici dans un *cubiculum* ou oratoire, là se faisait la prière en famille; ici était la *cathedra* ou chaire du prêtre; plus loin est le confessionnal; de ce côté étaient les hommes, de l'autre les femmes. Cet autre oratoire a deux siéges : l'un était pour le prédicateur, l'autre pour le diacre surveillant. Tout ici était organisé en paroisse ; chaque brebis connaissait son pasteur et chaque pasteur connaissait ses brebis. La liturgie était déjà en vigueur dans cette Rome naissante; les sacrements s'y administraient, comme de nos jours. Voici la vasque en terre cuite, qui servait de baptistère; c'était avec cette écaille de poisson qu'on versait l'eau. Là, sur cette pierre nue, l'on déposait le martyr, et quelles pieuses funérailles ne lui faisait-on pas ! Souvent le Pape faisait l'absoute et Sa Sainteté elle-même allait le déposer dans le *loculus* et le canonisait ainsi, en présence de ses frères. Je l'ai vue la tombe de sainte Agnès ; un lucernaire percé à la voûte en éclaire la place ; on dirait l'œil de Dieu contemplant sa fille avec complaisance.

Visite à Saint-Sébastien.

Je commençais à me familiariser avec ces lieux, mystérieux témoins de tant d'énergies et de sacrifices. J'étais là, depuis plus d'une heure, et je n'avais qu'aperçu les choses ; je sortis pourtant enchanté, car j'avais vu les lieux saints, j'avais palpé la tombe d'une des plus héroïques martyres du christianisme.

Je vais maintenant aux catacombes de la voie Appienne. Je reprends donc cette voie dont le P. Marchi parlait toujours avec tant d'enthousiasme. « Dans l'histoire de Rome païenne, dit-il, la voie Appienne porte le titre superbe de Reine des voies romaines ; elle en est digne, car elle surpasse toutes ses rivales par sa grandeur. Aucune n'est bordée par d'aussi beaux édifices et d'aussi magnifiques tombeaux. Aucune n'a été foulée par un aussi grand

nombre de nations vaincues, et n'a été le témoin d'autant
d'événements fameux. L'histoire de la Rome chrétienne
donne à la même voie des titres de gloire incomparable-
ment plus solides, plus justes, plus indiscutables. Nous
devons la saluer du nom de la Reine des voies chrétiennes
à cause du nombre et de l'étendue de ses cimetières, à
cause surtout du nombre et de la célébrité de ses martyrs.
En effet, quatre illustres cimetières bordent cette Reine
des voies. Le premier, le plus éloigné de Rome, vers
Albano, Saint-Sébastien ; le deuxième, sur le côté nord de
la route, celui de Prétextat ; le troisième, le plus célèbre
de tous, celui des Papes et de sainte Cécile, auquel saint
Callixte a donné son nom ; enfin, avant la jonction de la
voie Appienne et de la voie Ardeatine, celui de Sainte-
Soteris.

Je vais d'abord au plus éloigné, je vais faire ma station
dans la vieille basilique que Constantin fit élever sur la
catacombe du plus célèbre martyr de Rome, catacombe
qui a l'insigne honneur d'avoir donné son nom à toutes les
cryptes à venir. Je descends dans cette crypte vénérée et
je me fais conduire au petit édicule, où reposèrent les
corps de saint Pierre et de saint Paul laissés là, selon la
tradition, par les orientaux, qui s'enfuirent, effrayés par
un prodige du ciel. C'est ce que constate l'inscription
suivante du pape Damase : « Là, dit-il, vous devez le
savoir, reposèrent d'abord des saints. Si vous demandez
leurs noms, c'étaient Pierre et Paul. L'Orient envoya des
disciples, nous l'avouons volontiers. Par le mérite de leur
sang versé, les saints, ayant suivi le Christ vers les astres,
avaient atteint les demeures célestes et le royaume des
élus. Rome, cependant, put défendre ses citoyens. Qu'il
soit permis à Damase de rappeler ainsi votre gloire, ô
nouveaux astres ! » Je m'inclinai devant ces deux tombes

augustes ; je baisai respectueusement celle du pape saint Cyrinus ; j'allai prier devant l'autel, sous lequel repose saint Sébastien ; et voilà toutes les reliques que renferme la vieille basilique.

Cependant que penser de toutes ces inscriptions qui font reposer dans cette catacombe plus de cinquante papes et plusieurs milliers de martyrs ? Qu'il y a là confusion, dit M. de Rossi ; elles attribuent au cimetière Saint-Sébastien les tombes de toutes les catacombes situées sur la voie Appienne. La raison de cette confusion vient de ce que ces inscriptions ont été composées, pour la plupart, vers le quinzième siècle, époque où tous les autres cimetières souterrains étant perdus, celui de Saint-Sébastien était seul demeuré ouvert ; alors la pieuse imagination des pélerins de cette époque y plaçait, instinctivement, les tombes de tous les martyrs de la voie Appienne. La preuve matérielle de cette confusion, M. de Rossi nous la donne dans la découverte du cimetière Saint-Callixte, situé à une petite distance de celui de Saint-Sébastien.

Visite au cimetière Saint-Callixte.

Je reviens donc sur mes pas et bientôt j'aperçois une grande porte au-dessus de laquelle est écrit : *Cœmeterium Callixti*, cimetière Callixte ; assurément la plus importante de l'immense nécropole qui s'étend sous terre, entre la voie Appienne et la voie Ardeatine, cette catacombe est composée de plusieurs groupes d'excavations parfaitement séparés, ayant chacune son histoire. Aujourd'hui on est parvenu à les mettre en communication les uns avec les autres, et ils forment un seul tout, sous la dénomination de catacombe de Saint-Callixte. Néanmoins on les distingue, non seulement par la structure de leurs tombes et l'épigraphie, mais par la direction de leurs principales galeries, limitées bien souvent par les formes des diverses *areœ*, et par la situation des voies et des édifices sous lesquels elles s'étendent. Donc le cimetière Callixte n'est que la réunion de cinq cryptes adjacentes. La plus ancienne c'est celle de Lucine, cette fille de la lumière, dont j'ai déjà parlé et qui n'est autre que Pomponia Græcina; sa crypte, avec celle de Cæcilia Metella, je l'appellerai la crypte aristocratique, puisque là reposent les *Cæcilii*, les *Annii,* les *Pomponii,* les *Attici,* les *Bassi;* des épitaphes, des fragments de sarcophages en font foi. Une simple paroi sépare la crypte de Sainte-Cécile de celle des Papes. Une troisième est contiguë à la précédente, c'est celle de Saint-Eusèbe; la donatrice fut probablement Anatolia, fille de Fulvius Petronius Emilianus; des épitaphes de famille y furent aussi retrouvées. Les cryptes de Sainte-Soteris et de Sainte-Balbine furent aussi réunies au cimetière de Saint–Callixte.

Les positions étant ainsi indiquées, je franchis la porte et je pénétrai dans la vigne, sous laquelle gît le cimetière Saint-Callixte. Je me dirige vers un petit édifice, à trois absides, qui s'élève dans l'intérieur de l'enclos ; c'est la *cella memoria* ou basilique, bâtie, au troisième siècle, probablement par le pape saint Fabien, au-dessus des tombeaux de saint Sixte et de sainte Cécile, et dans laquelle les pèlerins s'arrêtaient, avant de descendre dans les cryptes où reposaient ces deux martyrs.

Je descendis moi-même, à la suite de mon guide, un large escalier, construit après Constantin; je suis frappé du grand nombre d'inscriptions tracées à la pointe sur l'enduit des murailles; graffites grossières et informes sans doute, mais exquises de délicatesse et de sentiment ; c'est tantôt un nom, une signature, un titre ; tantôt un souhait, une prière, une acclamation se rapportant à un parent, à un ami ; enfin une invocation adressée aux saints, aux martyrs vénérés dans la crypte. Ainsi, quoi de plus touchant que ces cris s'échappant du cœur d'un pieux visiteur ! Il était venu là, le cœur plein du souvenir aimé d'une certaine Sophronie, sa femme, ou sa sœur, ou sa mère. Avant d'entrer dans le vestibule du principal sanctuaire, il écrit : *Sofronia, vivas, cum tuis,* Sophronie, puisses-tu vivre avec les tiens !.. Un peu plus loin, sur la porte d'une autre chapelle, il réitère le même souhait, mais en lui donnant une forme plus religieuse : *Sofronia, vivas, in Domino,* Sophronie, puisses-tu vivre dans le Seigneur !.. Plus loin encore, près de l'*arcosolium* d'une autre chapelle, il trace en grandes lettres monumentales cette tendre affirmation : *Sofronia dulcis semper vives Deo,* ma douce Sophronie, tu vivras toujours en Dieu !.. Et immédiatement au-dessous, il répète encore, comme ne pouvant se détacher de cette pensée : *Sofronia vives !* oui, oui, Sophronie, tu vivras ! Touchante histoire que je retrouve dans mon cœur en visitant ces lieux saints. Et ces prières brûlantes : Saintes âmes, souvenez-vous de Marcianus Successus Severus et de tous nos frères... Saintes âmes, demandez que Verecundus et ses amis aient une heureuse navigation ; demandez le repos pour mon père et ses frères, puissent-ils vivre avec celui qui est bon ! Ces courtes prières, simples et chaleureuses, ne portent-elle pas avec elles comme un parfum des premiers âges.

La lecture de toutes ces graffites ne suffit-elle pas seule à nous avertir que nous sommes devant un des plus célèbres sanctuaires de l'Église primitive ? Franchissant la porte, me voici dans la chapelle consacrée à la sépulture des Papes du troisième siècle. Grand fut mon étonnement, j'étais dans un *cubiculum*, dont toute la maçonnerie est moderne ; mais grâce à M. de Rossi, il a réussi à conserver de nombreux vestiges de la construction primitive et des décorations qui, à diverses époques, y avaient été ajoutées. Là donc sont couchés douze pontifes ; j'ai touché de mes mains les pierres sépulcrales des papes Corneille, Eutychien, Anthère, Fabien, Lucius. Devant moi est l'autel de la crypte, restauré et embelli par le pape Damase ; j'y ai lu la pieuse épitaphe en vers latins de ce grand pontife. Tout un cycle historique se déroule devant ces douze tombeaux. De Théodose à l'invasion des Barbares, que de faits se groupent autour de ces froides pierres ! Ici l'on s'avance pour ainsi dire en pleine lumière ; de distance en distance sont ouverts des lucernaires ; l'on a muré des galeries ; l'on a creusé de nouveaux *loculi*, et l'on peut maintenant appeler, à bon droit, cette catacombe la Jérusalem des martyrs. Aussi, de toutes les parties du monde, des pélerins venaient en foule visiter ces vénérables nécropoles. Ces pélerinages se prolongèrent du quatrième au huitième siècle. La piété des évêques de Rome seconda le zèle des pélerins et décora de marbre, de peintures, d'inscriptions toutes ces cryptes ; saint Damase s'y signala surtout.

Je tourne un peu à gauche, un étroit couloir me conduit au *cubiculum* ou chapelle de Sainte-Cécile, sanctuaire également retrouvé par M. de Rossi. Le corps de la sainte n'est plus là, il est au Transtevère. Sur la paroi du *luminarium* je vois l'image de trois saints, dont le nom est inscrit à côté de chacun d'eux ; un peu plus bas, sur la muraille, m'apparaît une jeune femme richement parée et chargée de bracelets d'or et de colliers, tels qu'en devait porter seulement une noble et opulente dame romaine ; c'était bien là sainte Cécile ; son nom y est très visiblement tracé. D'ailleurs, il est avéré que ce cimetière a été créé par les *Metelli* ; il s'étendait, selon quelques-uns, jusqu'au môle de Cæcilia Metella. Septime-Sévère aurait concédé aux Chrétiens ce cimetière des Cæcilii. Il est plus probable que ce fut un don de Cæcilia à l'Église.

Je continue mes investigations ; je m'avance avec un certain effroi à travers trois étages de *loculi*. Voici les sépultures de saint Cyprien et de saint Eusèbe. Cette petite basilique fut donc aux deuxième et troisième siècles, la nécropole du Saint-Siége. On y voit encore la cellule des Papes. Leurs gardes, leur milice, leurs légats étaient des mendiants qui faisaient le guet le long de la voie Appienne. Mon guide appelle mon attention sur les tombes de saint Denis, sainte Zoé, sainte Héliodora et saint Frocopi ; remarquez, me dit-il, des inscriptions, des emblèmes, mais pas de sculptures. Ici, point de faste, point de dignités mondaines, mais simplicité, bonhomie, douceur ; toujours la pensée tendre et consolante. Voici le monument d'un fossoyeur, car les catacombes avaient leurs ouvriers. Ce qui me frappe, ce sont les emblèmes sur les tombes : l'*ancre*, la *colombe*, le *navire*, le *poisson*, la *pomme de pin*, le *lapin*, la *tortue*, le *loir*, les *enfants dans la fournaise, Jonas, arbre couvert d'oiseaux*, les *paraboles*, toujours les vertus aimables ! La trace des cultes anciens, celle des pélerinages de l'ère byzantine rend ces catacombes vivantes ; les inscriptions suffiraient à reconstruire la hiérarchie cléricale. Et que dire des décrétales des catacombes ? Saint Luc, saint Anaclet, sont les premiers législateurs ; saint Clément rétablit l'ordre dans l'Église naissante de Corinthe ; Evariste divise les quartiers par paroisse. Et les épîtres de saint Sixte ; saint

Télesphore institue la messe de Noël; saint Hygin fixe les rangs et les préséances de la Cour ; saint Pie ajourne les prescriptions de Marc-Aurèle et combat Valentin ; saint Anicet fixe la Pâque ; Soter lutte contre les Montanistes ; Eulethère amène à la foi un des rois de la grande Bretagne ; saint Victor condamne Théodore de Byzance ; saint Zéphirin, qui traversa cinq persécutions, combat les Novatiens ; saint Callixte, qui bâtit des églises, est massacré dans les rues ; saint Corneille anéantit les Novatiens ; Étienne rassemble trois conciles ; Sixte II marche au supplice à la tête de son clergé. La hiérarchie était organisée. Toutes les races, toutes les maisons avaient été représentées, sur ce siége de Pierre ; le dernier, qui scella la foi de son sang, ce fut Caïus, parent de Dioclétien, que celui-ci fit mourir. Sur vingt-huit papes, vingt-quatre sont morts martyrs ; rien ne résiste à ce qui sort des catacombes ; la nouvelle société est prête ; Constantin l'appelle ; elle sort brillante de jeunesse et de vertus de dessous terre ; l'Empereur la trouve si majestueuse, qu'il ne peut soutenir son éclat ; il prend son trône en ses mains et va le poser sur les bords du Bosphore, il laisse à la majorité des Papes toute cette vieille Rome à transformer et à rajeunir.

III. — SPLENDEURS DE LA ROME DES PAPES

La Rome des Papes resplendit dans ses quatre cents églises, dans ses palais, dans ses musées, dans ses galeries de tableaux, dans ses écoles, dans ses places publiques, dans ses fontaines et dans ses villas. Maintenant, ce ne sont donc plus des promenades que je vais faire dans cette sainte cité, mais bien de véritables pélerinages à tous ces lieux saints. Le lendemain de mon arrivée, c'est vers le plus célèbre que je me dirige, et, quoique mon celebrete ne soit pas signé par le cardinal-vicaire, une haute protection m'ouvre la crypte de Saint-Pierre et j'ai la consolation de célébrer sur les corps des saints Apôtres. Quel pélerinage plein de saintes émotions! Je pars de la place de Venise, je traverse les rues de la grande cité, tout pénétré de mon bonheur; tout s'agite autour de moi, et je ne prête mon attention à rien, toutes mes réserves sont pour ce temple auquel je rêve depuis tant d'années. Pourtant voilà ce Tibre, qui ne fait pas aussi mauvaise figure, que je me l'imaginais; il baigne, de son eau trouble, les pieds de ce vieux Saint-Ange autrefois si redouté des prisonniers; je suis sur ce pont où douze anges, les ailes déployées, semblent prendre leur vol comme des cygnes. Là, les Piémontais montent la garde, ils occupent ce château-fort; c'est une halte et comme une menace à l'adresse du Vatican; de ses fenêtres, Léon XIII peut apercevoir les baïonnettes de ses ennemis; ceci me distrait bien un peu de mes rêveries, mais qu'est-ce que cela devant ce qui m'attend? Je regarde devant moi, quel brillant ellipsoïde me contourne à droite et à gauche, je suis en face de la colonnade du Bernin; trois cents colonnes qui font là sentinelles, et avec quelles grâces! quelle symétrie! et comme si la garde ne fût pas complète, quatre-vingt-seize statues colossales se dressent sur cette royale architrave! Quelle imposante conception! oui, le parvis est digne du temple! Et cet obélisque, qui se tient, au milieu de la place, droit comme un point d'admiration, je m'en approche révérencieusement, je tombe à ses pieds et j'adore la croix qu'il porte au front, et je répète avec bonheur ces sublimes

paroles : *Chistus vincit, Christus imperat, Christus regnat.*
Je me relève et je gravis religieusement les degrés de ce
temple auquel ont prêté leur génie les Bramante, les San-
Gallo, les Raphaël, les Peruzzi et les Michel-Ange, les
premiers maîtres de leur siècle. Pourtant il est à regretter
que Saint-Pierre ne soit pas l'œuvre d'un seul ; il y aurait
gagné en unité et en proportion. On regrettera toujours
ce fronton malencontreux, qui masque cette majestueuse
et élégante coupole ; que signifie cette attique offrant une
rangée de petites fenêtres basses et disgracieuses? Comme
son faîte, garni par les treize colosses du Christ et des
Apôtres, fait peu d'effet ! La frise, au moins, est régulière,
c'est au-dessous que Paul V a ouvert la Loggia. Avant de
pénétrer dans le temple, je salue Constantin et Charlemagne qui se sont constitués les hommes d'armes de saint
Pierre ; je baisse aussi la tête et je passe sous la barque de
Pierre, un des chefs-d'œuvre de Giotto. Je remarque, à
droite, la porte murée du Jubilé ; celle du milieu, en
bronze, est toute historiée de bas-reliefs empruntés à la
vie de saint Pierre et de saint Paul; Eugène IV, donnant
audience aux députations d'Orient et couronnant Sigis-
mond, fait pendant. Je soulève le matelas rembourré et
me voilà dans la plus grande basilique du monde ! La
voûte m'enlève, quarante-huit mètres d'élévation ! C'est
un écrin d'orfèvrerie? Et ces marbres polis, ces mosaïques,
ces feuillages d'or, qui semblent sortir des ateliers du
lapidaire ! Et puis quels flots de lumière ! Quelle fraîcheur
de teinte! Et ce dallage historié, véritable miroir ! L'on
n'a reculé devant aucune magnificence; l'on savait qui
devait habiter ce temple. Ces jolis anges, de six pieds, qui
vous offrent l'eau sainte, seront-ils plus beaux au ciel ?
J'essaie de prendre la perspective du monument, et mon
regard ne porte pas plus loin que le baldaquin et ne peut

courir ni à droite, ni à gauche, dans les nefs latérales ; les énormes piliers brisent les lignes, jugez, des piliers de deux cent six pieds de pourtour ! Il ne reste donc devant vous qu'une nef immense et une coupole que vous soupçonnez ; voilà un défaut capital qui nuit aux dimensions de ce vaste édifice. Pourtant Saint-Pierre, avec ses vingt et un mille mètres de superficie, pourra toujours loger plus de cinquante mille hommes. Et les sept cent quarante-huit colonnes, et les trois cent quatre-vingt-neuf statues, il a bien fallu leur trouver leur place ; elles y sont si bien à l'aise que l'on ne soupçonne même pas leur nombre.

Me voilà au terme de mon pèlerinage, je suis devant la Confession de Saint-Pierre, une couronne de quatre-vingt-sept lampes l'illumine. Je fais là ma préparation à la sainte messe. Humble prêtre picard, vieux missionnaire des savannes et des bois, sacrifier sur le tombeau du premier des Apôtres et le chef de l'Église, j'étais attéré de mon bonheur ! Comme j'ai bien prié là pour toutes les âmes que je dirige ! Aussi je me sentais rajeuni en sortant de la crypte, je déjeunai à la sacristie et je continuai ma visite à ce saint lieu. Je ne veux point blâmer, mais le baldaquin de Maderne me paraît bien mesquin sous une pareille coupole ; Urbain VIII, qui le fit construire avec le bronze enlevé au Panthéon, n'échappa pas à cette sanglante critique : *Quod non Barbari, fecerunt Barbarini.* J'allai droit à l'abside vénérer la cathédrale de Saint-Pierre, revêtue, par le Bernin, d'un riche monument en bronze doré ; elle est elle-même en bois d'Égypte et plaquée d'ivoire ; c'est un présent du sénateur Pudens à son hôte ; qui eut jamais pensé qu'un jour le chef de l'Église s'assiérait dans la chaise curule des sénateurs romains ? C'est pourtant bien la *curule ebur* dont parle Horace. Je passe émerveillé devant les mille chefs-d'œuvre de la statuaire

et de la peinture, je ne suis effrayé que par le silence au
milieu de ce vaste musée, et je me dis : mais si le Pape
officiait, en présence de ses Cardinaux et de ses Romains,
il me semble que ce peuple de statues vivrait ! et j'allai
d'une chapelle à une autre, et je m'inclinai devant tous
les maîtres. Les sacristies sont des palais; les bénéficiers,
les clercs, les chanoines y sont logés.

Avant de sortir, agenouillé devant la crypte, je cherchai
à me rendre compte de la pensée qui a présidé au plan de
cette colossale basilique et quel en est le symbolisme? Et
je me répondais qu'elle est un résumé des Annales du
Christianisme; elle rattache Léon XIII à saint Pierre ; et à
cette assemblée de pontifes s'adjoignent les princes, qui
ont constitué la souveraineté des Papes, et ceux qui sont
venus y chercher un asile, puis sont là aussi les Docteurs
de l'Église, ces hommes, qui, par leurs écrits ou leurs
œuvres, ont répandu la civilisation chrétienne ; l'idée est
donc sainte. Quelle scène quand le pape entonne le *Credo*
sur cette tombe où je priais en ce moment ! Il me semblait
entendre les deux cent cinquante-huit pontifes, ses prédé-
cesseurs, répondre: *Credamus et vidimus !* Là, dans cet
ossuaire, dorment aussi huit Apôtres, onze Pères de
l'Église, onze fondateurs d'ordre, trente-cinq Papes cano-
nisés, et les martyrs anciens et modernes! les colonnes
mêmes du baldaquin sont pleines d'ossements! oui, oui,
ce lieu est saint! c'est le parvis du ciel! quelle journée !

Je veux la compléter par une vue de Rome à vol d'oi-
seau ; je monte donc à la coupole, une rampe douce m'y
conduit; quelle fut ma surprise de me trouver là-haut au
sein d'une population ouvrière ; tout un pays, tout un
peuple qui s'agite et travaille, ce sont les *San-Pietrini* qui
vivent là sur cette montagne de pierre depuis des siècles;
leurs vivres leur arrivent par des voitures ou des bêtes de

somme ; ces ouvriers s'y succèdent de père en fils, ils forment une corporation qui a ses lois et sa patrie. Je vois là aussi des réservoirs d'eau et une fontaine qui coule perpétuellement au pied de la coupole dans un bassin de plomb pour la commodité des travaux ; j'ai encore deux cent quatre-vingt-cinq pieds à gravir. Le rebord de la coupole a deux mètres de large et l'on peut faire ici une promenade circulaire de trois cents pas ; je plonge mon regard dans l'Église, elle m'apparaît comme un abîme, le baldaquin semble rentrer sous terre, les piliers s'amincissent comme des colonnes ; les fidèles sont comme des points ronds ; les lettres : *Tu es Petrus* ont bien sept pieds, la plume de saint Marc mesure un mètre et demi. Je recommence mon ascension ; mes émotions redoublent, mon cœur bat de stupeur ! J'ai fait l'ascension de *Tabl-Bay* au cap de Bonne-Espérance, le panorama m'enleva ; j'avais à ma droite l'Océan, à ma gauche le grand désert, avec ses effets de mirage ! mais ici tout le vieux monde latin se dresse devant moi ; de ce côté les monts Sabins courent jusqu'à la mer ; par là les collines d'Albe s'allongent vers l'Étrurie ; ramenant mon regard sur la campagne romaine, le Pincio s'abaisse, et me laisse contempler, à mon aise, les villas Borghèse, Ludovisi, Madama et Médicis, toutes créations artistiques des papes et des cardinaux ; regardant un peu partout, de la porte Salara à la porte Pia, les villas Albani, Doria, Ginlio et Cornolia se dessinent à grandes lignes et étalent, avec une certaine complaisance, aux rayons d'un splendide soleil, leurs terrasses, leurs escaliers, leurs portiques, leurs fontaines, leurs statues où l'on reconnaît la main des maîtres de l'art: comme les sept collines semblent se rapprocher et se grouper autour de leur reine, en véritables dames d'honneur ! quel panorama m'offre cette incomparable cité avec tous les dômes et les clochers de ses basiliques ! avec les colonnes et les obélisques de ses grandes places ! et ses palais qui se dressent comme des montagnes de granit ! et ses mille fontaines qui vomissent l'eau comme des tritons et forment autant de cascades ! quelles pages d'histoire je lis du haut de cette coupole ! ce sont toutes les annales du christianisme chantées, ici, en un poème de pierre et de marbre, et la valeur idéale et mystique de ce poème surpasse toute conception.

Je descendis donc de ma *loggia*, non plus avec des illusions, mais avec des réalités, oui, la Rome des Papes n'a pas encore sa pareille dans le monde ; et si elle m'est apparue si belle et si séduisante, en plein soleil, ce n'est pourtant là que la beauté physique de cette fille des pontifes ; mais que dire de sa beauté intérieure ? que dire de ses musées, de ses pinacothèques, de ses écoles, de ses cours publics de haut enseignement, de ses congrégations romaines, véritables sanhédrins, quelle puissante organisation intellectuelle ! sciences, beaux-arts, tout y est à l'état de perfection ; et c'est là surtout cette Rome, cette fille si chérie des papes ! Il faudrait passer des années à Rome, pour connaître à fond cette cité intellectuelle ; et la preuve c'est que toutes les nations ont leurs collèges ou leurs séminaires à Rome. J'ai visité ces maisons de hautes études, j'avais même ma chambre au séminaire français ; j'ai pris connaissance des programmes des hautes études, j'ai entendu les savants directeurs, j'avoue qu'à Rome seule les sciences et les arts sont à leur apogée. N'est-ce pas aussi à la villa Médicis que la France envoie ses pensionnaires ? je l'ai vu ce palais de nos lauréats de la peinture, de la sculpture, de la gravure, je me suis promené aussi au milieu de ces jardins de Lucullus, et il me semble que nos pensionnaires de quatre années doivent emporter

de leur séjour autre chose que le souvenir des ombres
élyséennes de la villa. Je dirai la même chose de nos étu-
diants en théologie ; que les appréciations légères de cer-
tains écrivains sur le clergé romain me paraissent tomber
à faux ! Je les ai suivis de près ces prêtres vénérables ;
tenue extérieure correcte et digne, leur long manteau leur
imprime un certain cachet de gravité, bons et affables ils
vous abordent toujours le sourire sur les lèvres ; ils
aiment les prêtres français ; dans l'église leur sans façon et
leur laisser-aller vous surprennent d'abord, mais une fois
à l'autel ce sont de vrais prêtres et ils disent pieusement
la messe. J'en ai entendu plusieurs prêcher, eh bien ! rien
que leurs inflexions de voix et leurs gestes, tout m'impres-
sionnait, je concluais alors que je n'avais pas affaire à des
prêtres sans culture. Cela dit sur le clergé, je fis mes
observations sur les fidèles. Les Romains ne travaillent
pas le dimanche ; toutes les boutiques, même celles du
Corso sont fermées. Je fus d'abord gravement scandalisé
de voir passer devant mes fenêtres des centaines de voitures de briques et de décombres, et puis des escouades de
maçons et de manœuvres ; j'eus bientôt l'explication de
cette violation du saint dimanche : ce sont, me dit-on, les
compagnies maçonniques qui recrutent et embrigadent
les sectaires pour bâtir une Rome moderne ; en effet tout
le quartier de Sainte-Marie-Majeure est modernisé ; des
centaines de maisons, de six, huit étages, s'élèvent,
comme par enchantement ; mais de preneurs, il n'y en a
point, et ces maisons, bâties à la légère, s'écroulent. Les
Romains ne quittent point ainsi leurs quartiers, et je les
retrouve tous dans leurs églises, non pas en grandes foules
à la fois, mais par cinquantaine, par centaine, car les
messes sont nombreuses et il y a quatre cents églises à
Rome. Les Romains ne travaillent pas le dimanche, ils

prient et avec ferveur! Ils se promènent, ils vont aux églises où il y a fête, et il y en a chaque jour! J'ai assisté, à Saint-Marcel, au centenaire de saint Philippe Benetie ; j'ai vu là une illumination telle qu'on n'en fait point en France; ce n'est rien, me répondit-on, en comparaison de celle du Jésu, il y a cinq ans, elle coûtait vingt mille francs. Donc la foi des Romains est toujours la même.

Et comment se perdrait-elle au milieu de tels sanctuaires? Mais les ossements de ses saints et de ses martyrs crieraient! Pour moi, j'avoue que j'étais en fête chaque jour ; je célébrai la sainte messe dans les lieux les plus vénérés. Aujourd'hui c'est à la Confession-de-Saint-Paul hors des murs et dans quelle basilique! Peut-être dans la plus riche du monde; je ne m'arrête point à des descriptions, elles sont faites bien plus élégamment que par moi, je craindrais de laisser évaporer un peu du parfum de mon bonheur; je suis tout entier à cette crypte qui renferme l'autre moitié des corps de saint Pierre et de saint Paul. Je vais faire mon action de grâces à vingt minutes de là, à Saint-Paul-aux-Trois-Fontaines; je bus de l'eau de ces trois fontaines qui jaillirent sous les bonds répétés de cette tête, qui convertit tant de nations et devant laquelle se tut l'Aréopage d'Athènes. Après Saint-Pierre-et-Saint-Paul, c'est bien Saint-Jean-de-Latran qui m'attire, c'est la cathédrale de l'évêque de Rome, et cet évêque, c'est le Pape! aussi le lendemain de sa nomination vient-il prendre possession de son siége. Et cette primauté est consacrée par cette inscription gravée au frontispice du temple : *sacrosancta Latranensis ecclesia, omnium urbis et orbis ecclesiarum mater et caput*. Dire la messe dans l'église du Pape! Mais voilà qui est encore plus saint: dire la messe sur la crèche de l'Enfant Jésus! Et je l'avais déjà dite dans la *santa casa* de Nazareth où il passa trente-trois ans!

J'avais donc raison de dire que ma vie à Rome était un pélerinage aux Saints-Lieux. Plus besoin d'aller à Jérusalem pour adorer! tout est à Rome. La croix, des épines, un clou, le voile de Véronique, la colonne de la flagellation, j'ai tout vénéré, tout baisé avec amour; j'ai même gravi à genoux la *scala sancta*. Saint Ignace, saint François-Xavier, saint Louis de Gonzague, saint Stanislas Kosta, saint Philippe de Méry, sainte Cécile ont reçu mes hommages, j'ai célébré sur leurs corps vénérés; qu'ils m'aident donc à sauver ma pauvre âme !

Si j'avais mes heures de pélerinages, j'avais aussi mes heures de promenades; j'ai passé par les palais des princes, j'ai même visité leurs villas à Frascati; j'ai admiré leurs musées, leurs galeries, leurs jardins et les chambres de Raphaël, et la chapelle Sixtine et les jardins du Vatican; tout cela est mille et mille fois exploré, redit et chanté. Mais il est une chose que l'on ne verra jamais assez, que l'on ne célébrera jamais assez dignement; c'est le Pape! Voir le Pape, c'est voir Jésus-Christ! Et j'ai eu ce bonheur! j'ai vu le Pape! Il était cinq heures du soir; nous étions neuf dans le salon de réception; neuf, c'est la famille qui attend son père; et avec quelle joie ! avec quel amour ! Le voici, précédé de sa garde suisse; nous tombons tous à ses pieds! Oh! qu'il est bon notre père Léon XIII ! figure fine et douce, il porte des trésors d'intelligence dans ses yeux; sur sa physionomie, sur ses lèvres se lit bonté, paternité; il se prête à tout, il nous livre toute sa personne à nos respects, à nos hommages; c'est une fête de famille, un colloque tout intime; il a un mot de tendresse pour tous, il cause avec tous, il s'inquiète de tous; mes voisins, deux prêtres américains, il leur adresse des paroles d'éloge et d'encouragement: — Ah ! e clergé américain me comble de joie, c'est un clergé zélé ; j'ai vu vos évêques, ce sont des hommes d'action, ils vont fonder une université catholique ; courage donc, secondez vos évêques ! Voilà mon tour, l'on m'annonce comme missionnaire apostolique :—Eh bien! mon bon missionnaire prêchez-vous avec ardeur, gagnez-vous des âmes à Dieu?—Selon la mesure de mes forces, Saint-Père, et il me mettait les mains sur la tête ; appuyez Saint-Père ! Oh ! bonne tête ! — Je vous demande deux faveurs, Saint-Père ; la bénédiction pour ma paroisse et une particulière pour la famille de notre grand amiral Courbet.—Oh! grand soldat! grand caractère ! — S'il était revenu sain et sauf, Saint-Père, il nous aurait sauvés.— Peut-être ; mais voyez, la France se réveille, avec le secours de la prière, la France se sauvera elle-même, je vous bénis d'abord vous-même, bon missionnaire ; vous bénirez vos paroissiens en mon nom avec l'agrément de votre évêque ; vous bénirez la famille Courbet qui a donné un homme illustre à la France. Il parla à mes autres voisins avec la même paternité et le même abandon ; et tous nous nous relevons, les yeux pleins de larmes. Et moi, je répète : qui a vu Rome et le Pape, a vu deux merveilles incomparables dans le monde.

Daignez agréer, Monseigneur, les hommages profondément respectueux de votre très humble serviteur.

J. MACQUET,

Prêtre, Missionnaire Apostolique.

3644. — ABBEVILLE. — TYP. ET STÉR A. RETAUX. — 1886.